쉽고 재미있게
생각하는 연산!

연산력 수학

노크

D6
(초2~초3)

나눗셈구구와 나머지

똑!똑! 연산력 수학

하루에 4쪽 20일 완성

노크의 구성

연산 학습 ▶ 하루에 4쪽씩 한 가지 주제를 학습합니다.

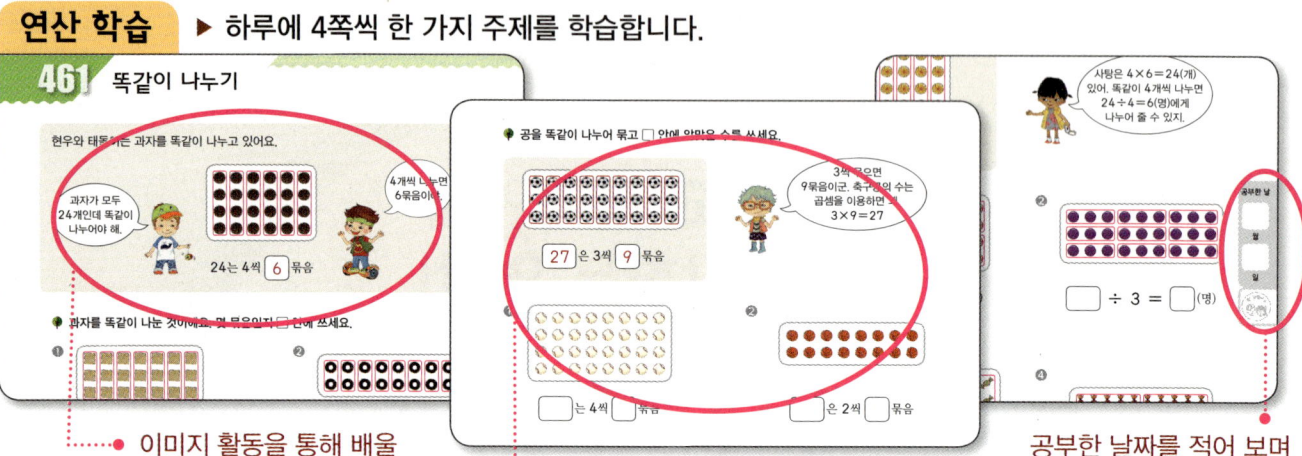

이미지 활동을 통해 배울 내용을 이해해요.

활동을 통해 배운 내용을 연습해요.

공부한 날짜를 적어 보며 학습 관리를 해요.

평가 ▶ 배웠던 주제를 평가해 봅니다.

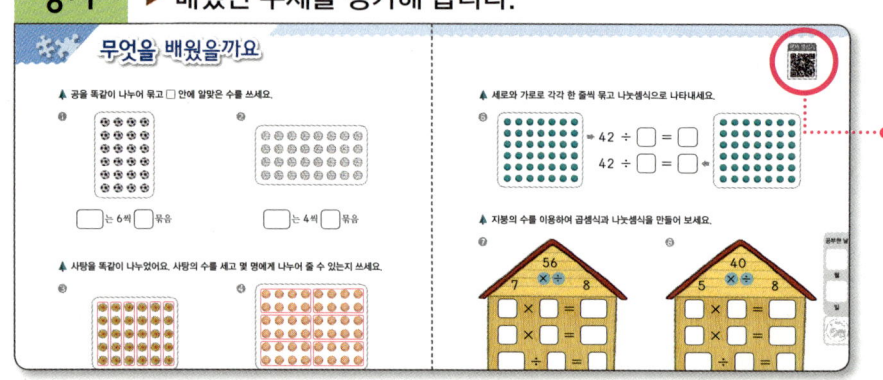

"문제 생성기" QR코드를 이용하면 여러 문제를 더 풀어 볼 수 있어요.

연산 보충 학습 ▶ 연산 학습의 부족한 부분을 연습합니다.

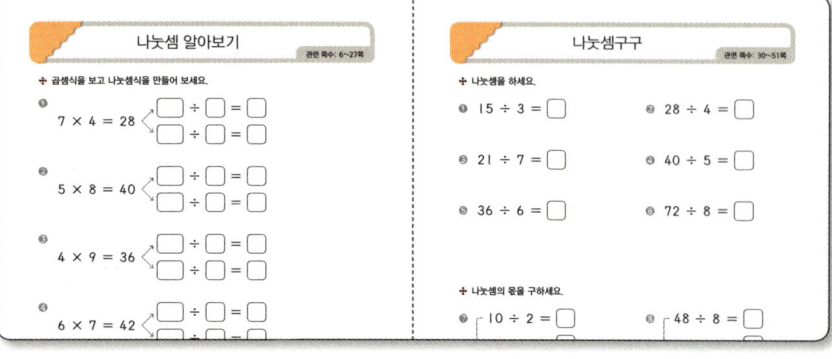

각 주제별로 학습했던 연산 학습 중 연습이 더 필요한 부분을 본책 맨 뒤에서 제공합니다.
해당 연산 학습을 끝낸 후에 사용하세요.

연산력 수학 노크만의 스마트 학습

문제 생성기

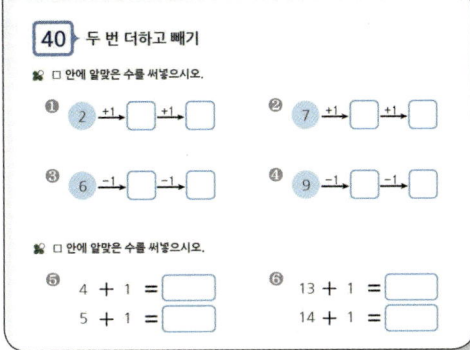

연산력 게임

"무엇을 배웠을까요"를 풀고 난 후 QR코드를 찍어 보세요.
새로운 문제들이 계속 생성됩니다.
출력하여 사용하세요.

"연산력 게임" 코너에 있는 QR코드를 찍어 보세요.
연산 학습과 연계된 재미있는 연산력 게임을 할 수 있습니다.

애니메이션

연산력 수학 노크에 나오는 친구들을 소개해요!!

모험가 친구들

태돌
추진력 리더

현우
끈기 대장

큐리
호기심 해결사

티나
치밀한 전략가

마법사 멀린과 수학 요정

마법사 멀린

꼬마 요괴

딴소리   **한입**   **장난**   **딴짓**   **멍하니**   **잠만자**   **울보**   **거꾸로**

연산력 수학 노크 **D6** 차례

노크랜드로 출발해 볼까?

나눗셈 알아보기

▶ 연산 보충 학습(102쪽)에서 더 풀어 보세요.

학부모 지도 가이드

이번 차시에서는 나눗셈의 의미를 이해하고 곱셈과 나눗셈의 관계를 공부합니다. 그림으로 주어진 수를 똑같이 나누는 연습을 통해 다양한 나눗셈의 상황을 경험합니다. 여러 가지 방법으로 나눗셈식을 나타낼 수 있게 하고 곱셈식을 보고 나눗셈식 **2**개를 만들 수 있도록 지도해 주세요.

24는 4씩 6묶음

$$4 \times 6 = 24 \begin{cases} 24 \div 4 = 6 \\ 24 \div 6 = 4 \end{cases}$$

똑같이 나누기

현우와 태돌이는 과자를 똑같이 나누고 있어요.

과자가 모두 24개인데 똑같이 나누어야 해.

4개씩 나누면 6묶음이야.

24는 4씩 6 묶음

🌳 과자를 똑같이 나눈 것이에요. 몇 묶음인지 ☐ 안에 쓰세요.

❶
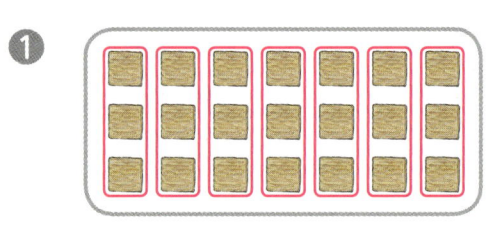

21은 3씩 ☐ 묶음

❷
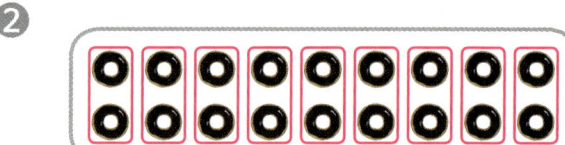

18은 2씩 ☐ 묶음

❸
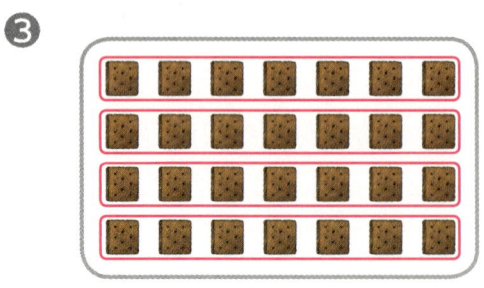

28은 7씩 ☐ 묶음

❹
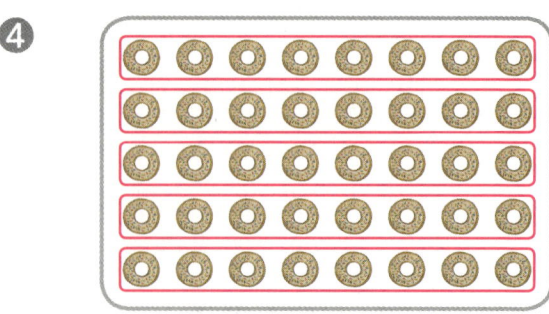

40은 8씩 ☐ 묶음

🌳 공을 똑같이 나누어 묶고 ☐ 안에 알맞은 수를 쓰세요.

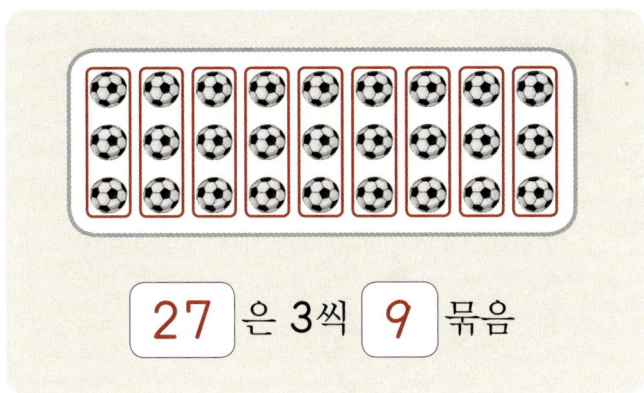

27 은 3씩 9 묶음

3씩 묶으면 9묶음이군. 축구공의 수는 곱셈을 이용하면 돼.
$3 \times 9 = 27$

❶
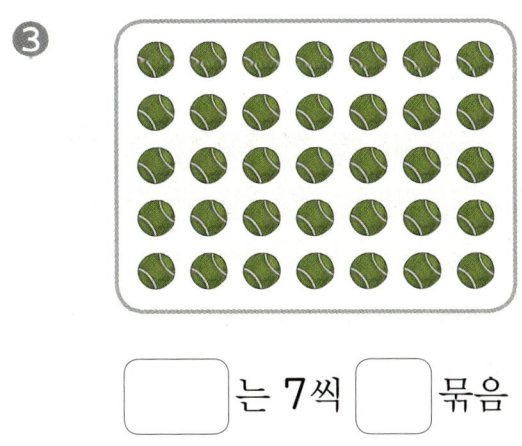

☐ 는 4씩 ☐ 묶음

❷

☐ 은 2씩 ☐ 묶음

❸

☐ 는 7씩 ☐ 묶음

❹

☐ 은 9씩 ☐ 묶음

아이들에게 초콜릿을 똑같이 나누어 주려고 해요.

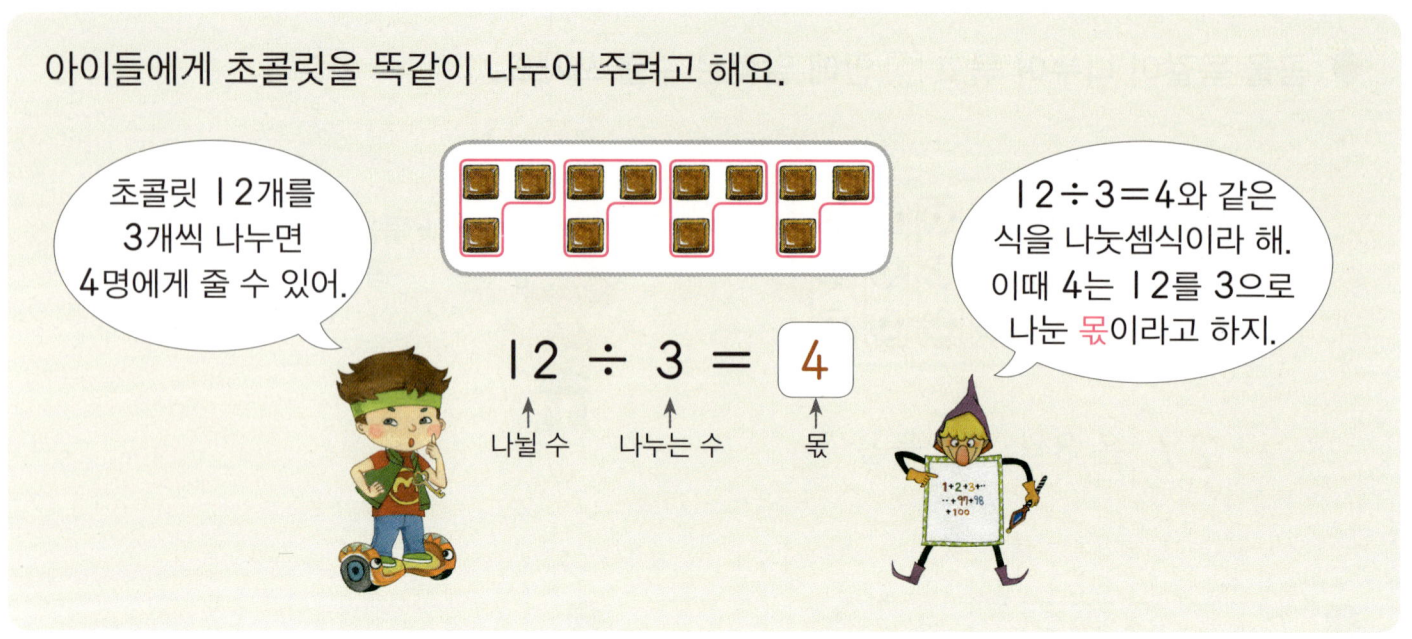

$$12 \div 3 = 4$$

나뉠 수   나누는 수   몫

초콜릿 12개를 3개씩 나누면 4명에게 줄 수 있어.

12÷3=4와 같은 식을 나눗셈식이라 해. 이때 4는 12를 3으로 나눈 몫이라고 하지.

🌳 초콜릿을 똑같이 나누었어요. 몇 명에게 나누어 줄 수 있는지 ☐ 안에 쓰세요.

❶
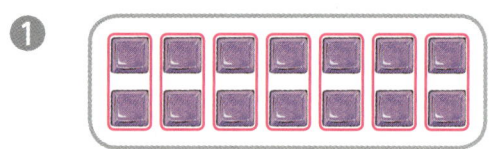

$$14 \div 2 = \boxed{} \ (명)$$

❷
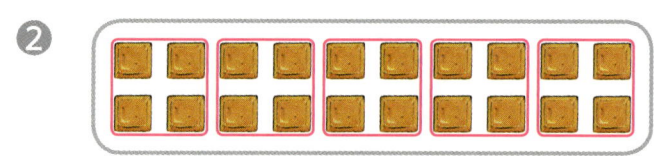

$$20 \div 4 = \boxed{} \ (명)$$

❸
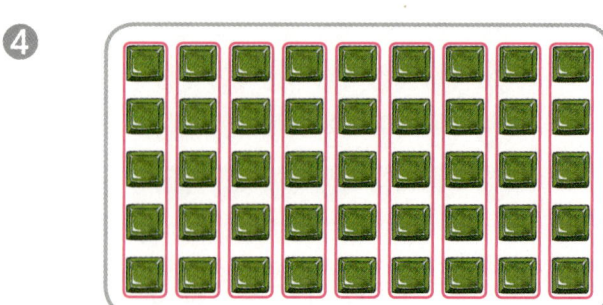

$$24 \div 3 = \boxed{} \ (명)$$

❹

$$45 \div 5 = \boxed{} \ (명)$$

🌳 사탕을 똑같이 나누었어요. 사탕의 수를 세고 몇 명에게 나누어 줄 수 있는지 쓰세요.

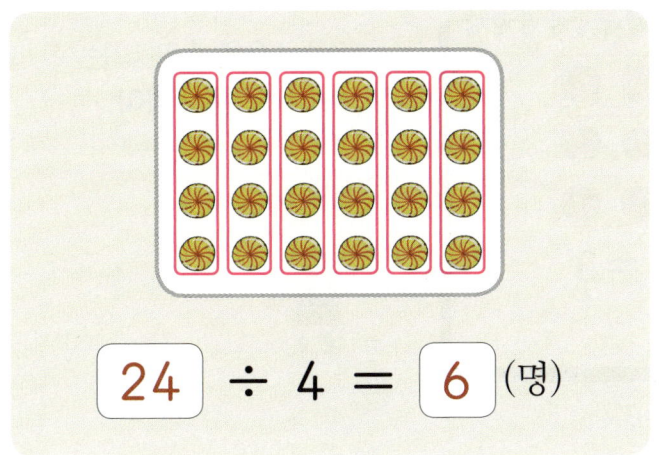

$$24 \div 4 = 6 \text{(명)}$$

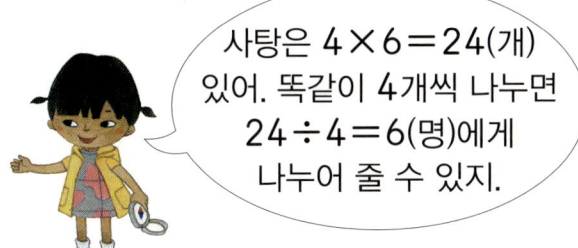

사탕은 $4 \times 6 = 24$(개) 있어. 똑같이 4개씩 나누면 $24 \div 4 = 6$(명)에게 나누어 줄 수 있지.

❶

$$\boxed{} \div 6 = \boxed{} \text{(명)}$$

❷

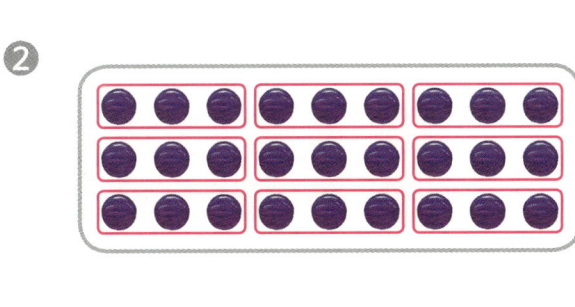

$$\boxed{} \div 3 = \boxed{} \text{(명)}$$

❸

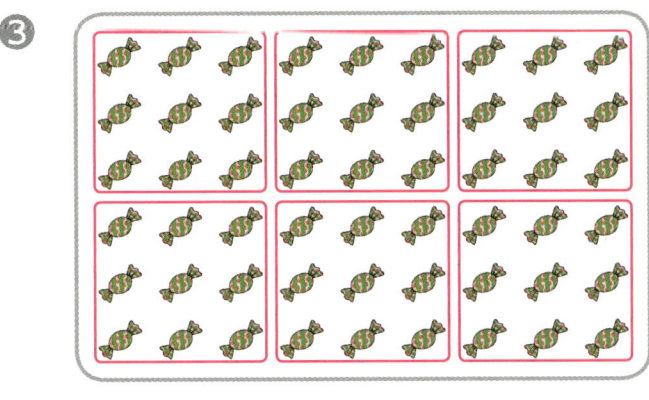

$$\boxed{} \div 9 = \boxed{} \text{(명)}$$

❹

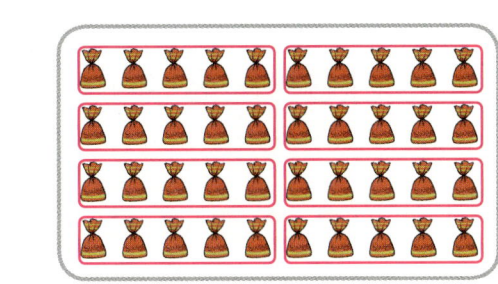

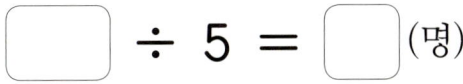

$$\boxed{} \div 5 = \boxed{} \text{(명)}$$

현우와 큐리가 나눗셈식을 읽고 있어요.

12 나누기 4는 3과 같아.

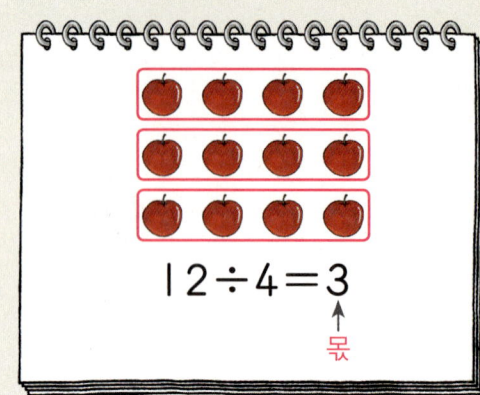

$12 \div 4 = 3$

몫

12를 4로 나눈 몫은 3이야.

🌳 나눗셈을 2가지 방법으로 읽으려고 해요. ☐ 안에 알맞은 수를 쓰세요.

❶
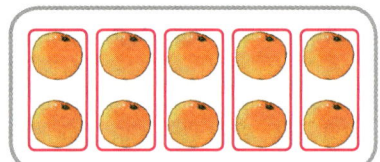

$10 \div 2 = 5$

10 나누기 2는 ☐와 같습니다.

10을 2로 나눈 몫은 ☐입니다.

❷

$18 \div 3 = 6$

18 나누기 3은 ☐과 같습니다.

18을 3으로 나눈 몫은 ☐입니다.

❸

$15 \div 5 = 3$

15 나누기 5는 ☐과 같습니다.

15를 5로 나눈 몫은 ☐입니다.

🌳 그림을 보고 ☐ 안에 알맞은 수를 쓰세요.

20 나누기 4는 5 와 같습니다.

20을 4 로 나눈 몫은 5 입니다.

$$20 \div 4 = 5$$

❶

☐ 나누기 6은 ☐ 와 같습니다.

24를 ☐ 으로 나눈 몫은 ☐ 입니다.

$$24 \div 6 = 4$$

❷

☐ 나누기 5는 ☐ 과 같습니다.

35를 ☐ 로 나눈 몫은 ☐ 입니다.

$$35 \div 5 = 7$$

태돌이는 친구들에게 학용품을 나누어 주려고 해요.

연필 15자루를 3자루씩 5명에게 나누어 줄 수 있어.

나눗셈식은 15÷3=5이고 15 나누기 3은 5와 같아.

$$15 \div 3 = \boxed{5}$$

나눌 수   나누는 수   몫

🌳 그림을 보고 ☐ 안에 알맞은 수를 쓰세요.

❶

28 나누기 ☐ 는 ☐ 과 같습니다.

28을 ☐ 로 나눈 몫은 ☐ 입니다.

$$28 \div 4 = \boxed{}$$

❷

30 나누기 ☐ 은 ☐ 와 같습니다.

30을 ☐ 으로 나눈 몫은 ☐ 입니다.

$$30 \div 6 = \boxed{}$$

🌳 나눗셈식을 보고 ☐ 안에 알맞은 수를 쓰세요.

$$35 \div 5 = 7$$

나뉠 수   나누는 수   몫

35 나누기 5 는 7 과 같습니다.

35 를 5 로 나눈 몫은 7 입니다.

 ÷ 기호가 계속 나와. ÷는 나누기라고 읽는 건가?

 그렇지. 빨리 풀고 밥 먹자.

❶

$$40 \div 8 = 5$$

☐ 나누기 ☐ 은 ☐ 와 같습니다.

☐ 을 ☐ 로 나눈 몫은 ☐ 입니다.

❷

$$24 \div 3 = 8$$

☐ 나누기 ☐ 은 ☐ 과 같습니다.

☐ 를 ☐ 으로 나눈 몫은 ☐ 입니다.

❸

$$12 \div 3 = 4$$

☐ 나누기 ☐ 은 ☐ 와 같습니다.

☐ 를 ☐ 으로 나눈 몫은 ☐ 입니다.

여러 가지 방법으로 나누기

거꾸로 요괴와 한입 요괴가 도넛을 2가지 방법으로 나누었어요.

 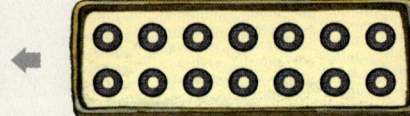 

$14 \div 2 = \boxed{7}$ $14 \div 7 = \boxed{2}$

세로로 2개씩 묶어 7묶음을 만들었어. 하루에 1묶음씩 7일 동안 먹을 수 있어.

가로로 7개씩 묶어 2묶음을 만들었어. 하루에 1묶음씩 먹으면 2일이면 먹겠네.

🌳 세로와 가로로 각각 한 줄씩 묶었어요. ☐ 안에 알맞은 수를 쓰세요.

❶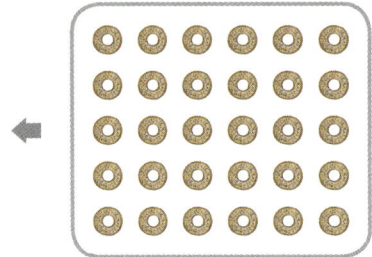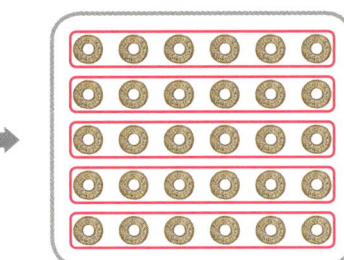

$30 \div 5 = \boxed{}$ $30 \div 6 = \boxed{}$

❷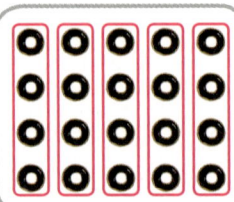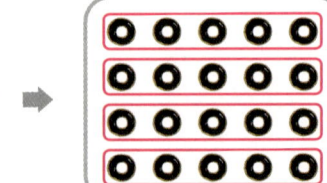

$20 \div 4 = \boxed{}$ $20 \div 5 = \boxed{}$

🌳 세로와 가로로 각각 한 줄씩 묶고 나눗셈식으로 나타내세요.

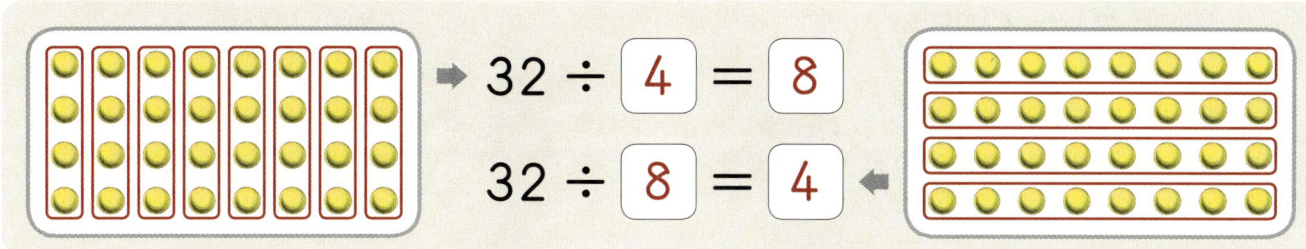

$$32 \div \boxed{4} = \boxed{8}$$

$$32 \div \boxed{8} = \boxed{4}$$

세로로 한 줄씩 묶으면 4개씩 8묶음이 돼.

가로로 한 줄씩 묶으면 8개씩 4묶음이 돼.

❶

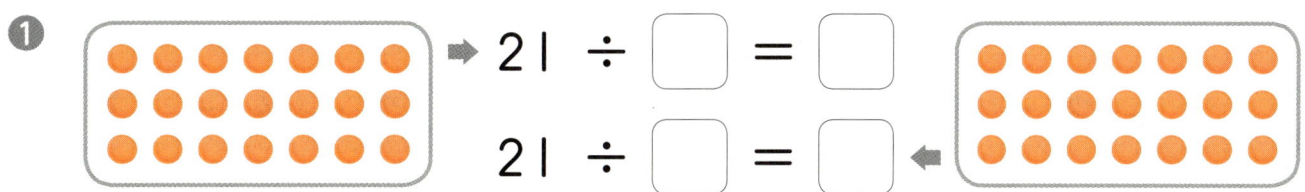

$$21 \div \boxed{} = \boxed{}$$

$$21 \div \boxed{} = \boxed{}$$

❷

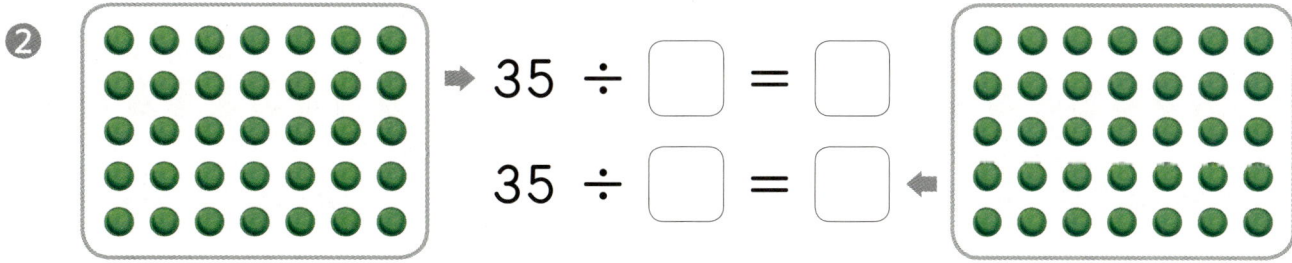

$$35 \div \boxed{} = \boxed{}$$

$$35 \div \boxed{} = \boxed{}$$

❸

$$28 \div \boxed{} = \boxed{}$$

$$28 \div \boxed{} = \boxed{}$$

꼬마 요괴들이 사탕을 여러 가지 방법으로 나누었어요.

2개씩 묶으면 6묶음

$12 \div 2 = \boxed{6}$

4개씩 묶으면 3묶음

$12 \div 4 = \boxed{3}$

3개씩 묶으면 4묶음

$12 \div 3 = \boxed{4}$

6개씩 묶으면 2묶음

$12 \div 6 = \boxed{2}$

🌳 여러 가지 방법으로 똑같이 나누었어요. ☐ 안에 알맞은 수를 쓰세요.

❶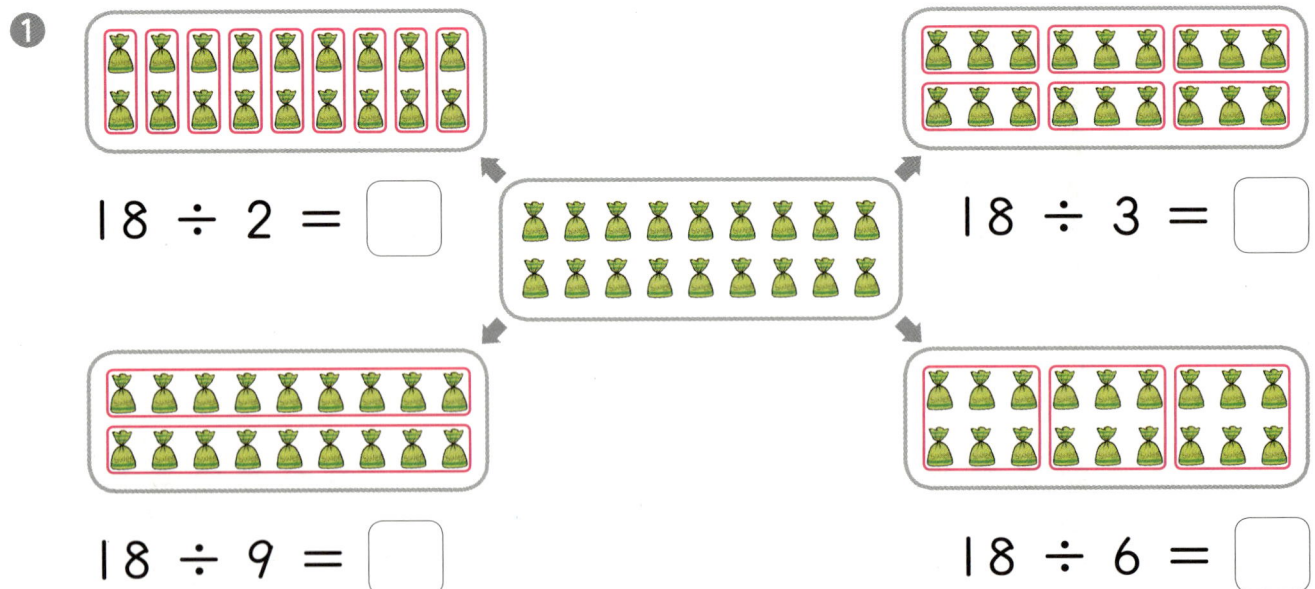

$18 \div 2 = \boxed{}$

$18 \div 3 = \boxed{}$

$18 \div 9 = \boxed{}$

$18 \div 6 = \boxed{}$

🌳 여러 가지 방법으로 똑같이 나누어 묶고 나눗셈식으로 나타내세요.

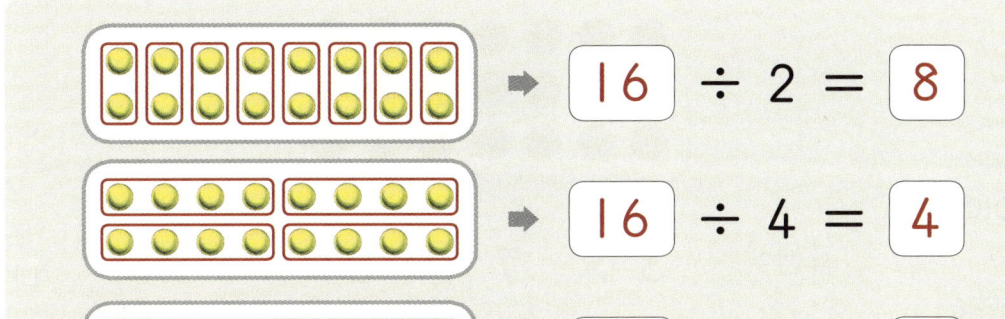

$$16 \div 2 = 8$$

$$16 \div 4 = 4$$

$$16 \div 8 = 2$$

모두 16개군.
나누는 수만큼
똑같이 묶으면 돼.

3개씩 묶으면 한 개가 남아
똑같이 나눌 수 없어.

①

□ ÷ 3 = □

□ ÷ 4 = □

□ ÷ 6 = □

□ ÷ 8 = □

그림을 보고 큐리는 곱셈식, 태돌이는 나눗셈식을 만들었어요.

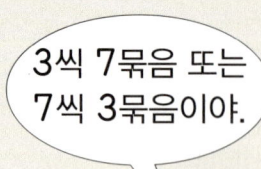

3씩 7묶음 또는 7씩 3묶음이야.

21을 3 또는 7로 나누면 돼.

곱셈식

$3 \times \boxed{7} = 21$

$7 \times \boxed{3} = 21$

나눗셈식

$21 \div 3 = \boxed{7}$

$21 \div 7 = \boxed{3}$

🌱 곱셈식과 나눗셈식을 만든 것이에요. ☐ 안에 알맞은 수를 쓰세요.

❶

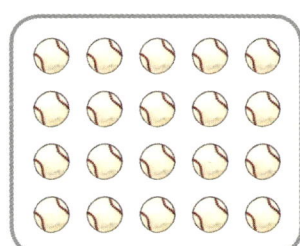

$4 \times \boxed{} = 20$

$5 \times \boxed{} = 20$

$20 \div 4 = \boxed{}$

$20 \div 5 = \boxed{}$

❷

$4 \times \boxed{} = 28$

$7 \times \boxed{} = 28$

$28 \div 4 = \boxed{}$

$28 \div 7 = \boxed{}$

🌳 그림을 보고 곱셈식과 나눗셈식을 만들어 보세요.

2씩 7묶음 또는
7씩 2묶음이야.

14를 2 또는
7로 나누어 봐.

$2 \times \boxed{7} = \boxed{14}$

$7 \times \boxed{2} = \boxed{14}$

$\boxed{14} \div 2 = \boxed{7}$

$\boxed{14} \div 7 = \boxed{2}$

❶

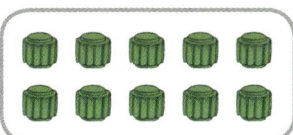

$2 \times \boxed{} = \boxed{}$

$5 \times \boxed{} = \boxed{}$

$\boxed{} \div 2 = \boxed{}$

$\boxed{} \div 5 = \boxed{}$

❷

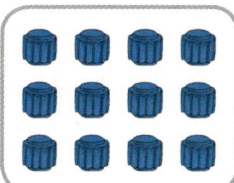

$3 \times \boxed{} = \boxed{}$

$4 \times \boxed{} = \boxed{}$

$\boxed{} \div 3 = \boxed{}$

$\boxed{} \div 4 = \boxed{}$

요정들이 우표를 보고 곱셈식과 나눗셈식을 만들었어요.

세로로 한 줄씩 묶으면
$4 \times 8 = 32$
$32 \div 4 = 8$

가로로 한 줄씩 묶으면
$8 \times 4 = 32$
$32 \div 8 = 4$

🌳 그림을 보고 곱셈식과 나눗셈식을 만들어 보세요.

❶

$\boxed{} \times \boxed{} = \boxed{}$

$\boxed{} \times \boxed{} = \boxed{}$

$\boxed{} \div \boxed{} = \boxed{}$

$\boxed{} \div \boxed{} = \boxed{}$

❷

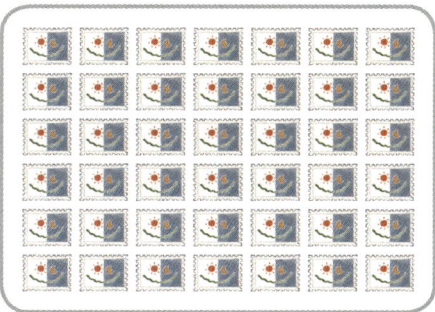

$\boxed{} \times \boxed{} = \boxed{}$

$\boxed{} \times \boxed{} = \boxed{}$

$\boxed{} \div \boxed{} = \boxed{}$

$\boxed{} \div \boxed{} = \boxed{}$

🌳 지붕의 수를 이용하여 곱셈식과 나눗셈식을 만들어 보세요.

세 수로
2개의 곱셈식과
2개의 나눗셈식을
만들 수 있어.

세 수가
한 지붕
가족 같군.

❶

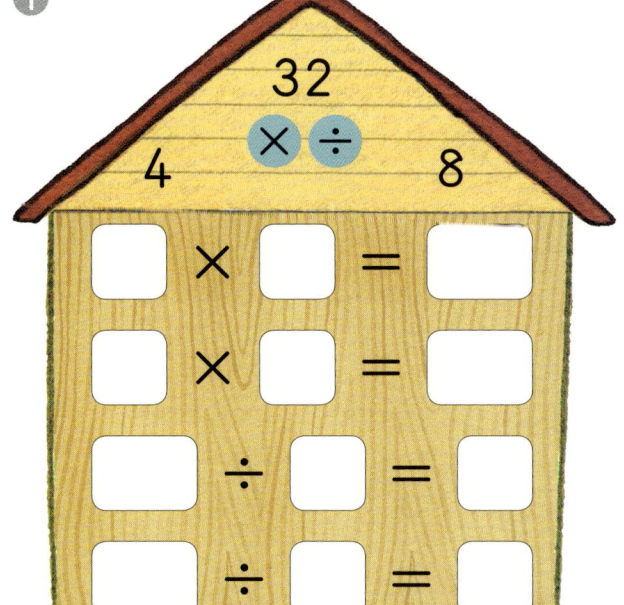

❷

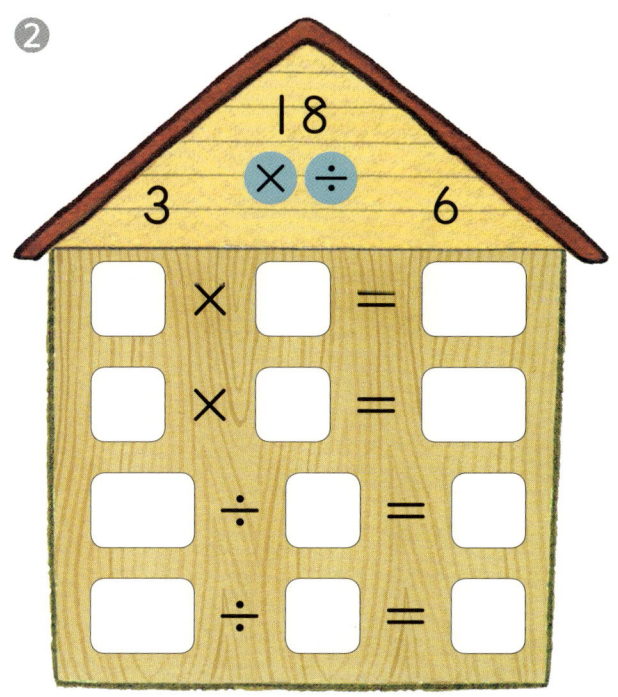

곱셈과 나눗셈의 관계

태돌이와 현우는 모양의 수를 구하는 곱셈식으로 나눗셈식을 만들었어요.

$$6 \times 3 = 18$$

$$18 \div 6 = 3$$
$$18 \div 3 = 6$$

곱셈식으로 나눗셈식을 만들 수 있어.

6 × 3 = 18에서 18 나누기 6은 3, 18 나누기 3은 6이야.

🌳 모양의 수를 구하는 곱셈식을 보고 나눗셈식을 완성하세요.

①

$$6 \times 2 = 12$$

$$\boxed{} \div 6 = \boxed{}$$
$$\boxed{} \div 2 = \boxed{}$$

②

$$5 \times 3 = 15$$

$$\boxed{} \div 5 = \boxed{}$$
$$\boxed{} \div 3 = \boxed{}$$

🌳 모양의 수를 구하는 곱셈식을 쓰고 나눗셈식을 완성하세요.

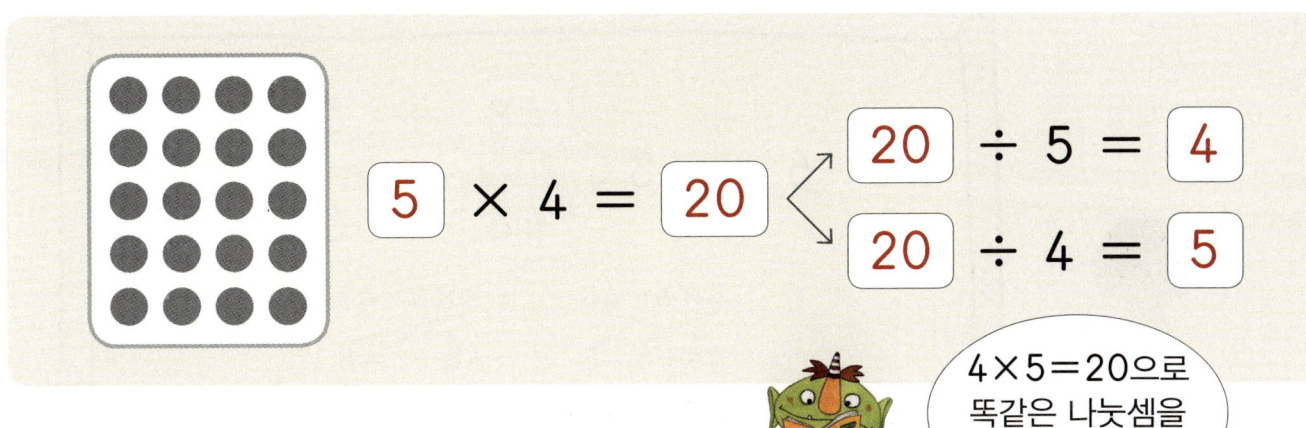

$$5 \times 4 = 20$$

$$20 \div 5 = 4$$
$$20 \div 4 = 5$$

4×5=20으로 똑같은 나눗셈을 만들 수 있어.

❶

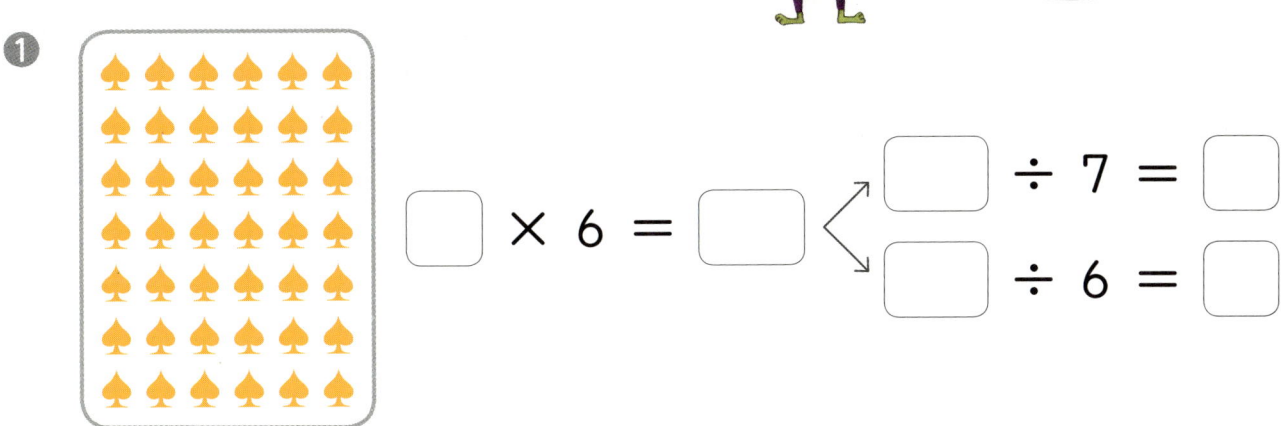

$$\boxed{} \times 6 = \boxed{}$$

$$\boxed{} \div 7 = \boxed{}$$
$$\boxed{} \div 6 = \boxed{}$$

❷

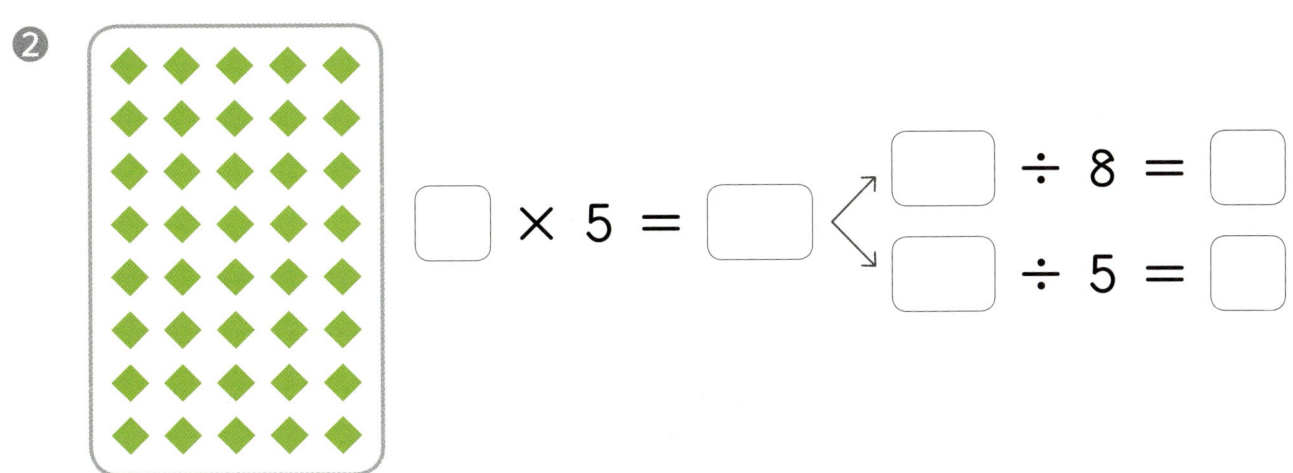

$$\boxed{} \times 5 = \boxed{}$$

$$\boxed{} \div 8 = \boxed{}$$
$$\boxed{} \div 5 = \boxed{}$$

티나는 곱셈식을 보고 나눗셈식을 만들려고 해요.

이런 규칙이 있군.

$$8 \times 6 = 48$$

$$48 \div 8 = 6$$

$$48 \div 6 = 8$$

8×6=48   8×6=48

48÷8=6   48÷6=8

🌳 곱셈식을 보고 나눗셈식을 만들어 보세요.

❶
$$5 \times 9 = 45$$

$\boxed{} \div \boxed{} = \boxed{}$

$\boxed{} \div \boxed{} = \boxed{}$

❷
$$9 \times 7 = 63$$

$\boxed{} \div \boxed{} = \boxed{}$

$\boxed{} \div \boxed{} = \boxed{}$

❸
$$7 \times 8 = 56$$

$\boxed{} \div \boxed{} = \boxed{}$

$\boxed{} \div \boxed{} = \boxed{}$

🌳 관계있는 식끼리 선으로 이으세요.

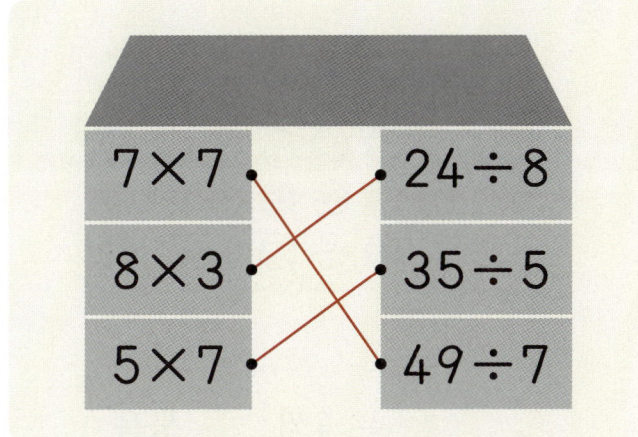

먼저 곱셈을 하면
7×7=49야.
곱셈식을
나눗셈식으로 만들면
49÷7=7이야.

❶
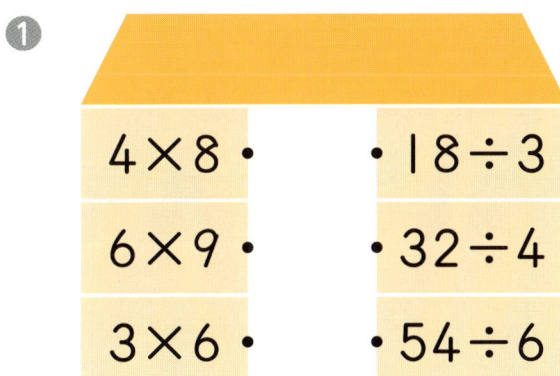

4×8 •	• 18÷3
6×9 •	• 32÷4
3×6 •	• 54÷6

❷
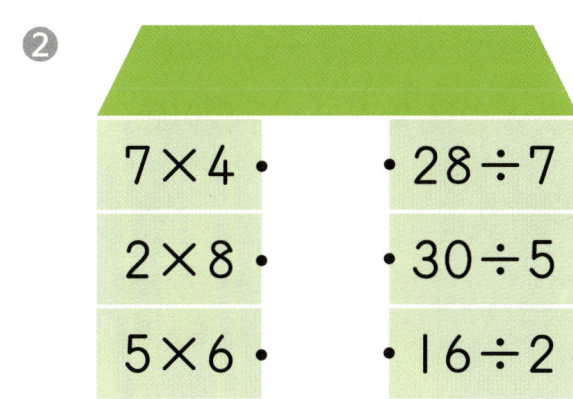

7×4 •	• 28÷7
2×8 •	• 30÷5
5×6 •	• 16÷2

❸

3×2 •	• 63÷7
5×4 •	• 20÷5
7×9 •	• 6÷3

❹
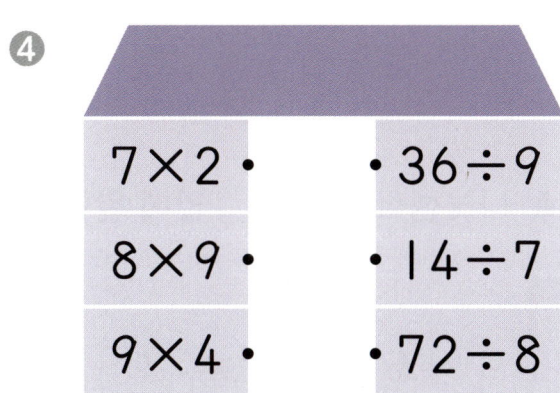

7×2 •	• 36÷9
8×9 •	• 14÷7
9×4 •	• 72÷8

🌲 공을 똑같이 나누어 묶고 ☐ 안에 알맞은 수를 쓰세요.

❶

☐ 는 6씩 ☐ 묶음

❷

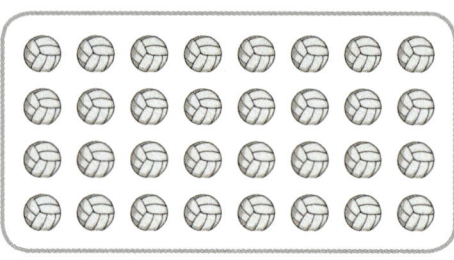

☐ 는 4씩 ☐ 묶음

🌲 사탕을 똑같이 나누었어요. 사탕의 수를 세고 몇 명에게 나누어 줄 수 있는지 쓰세요.

❸

☐ ÷ 5 = ☐ (명)

❹

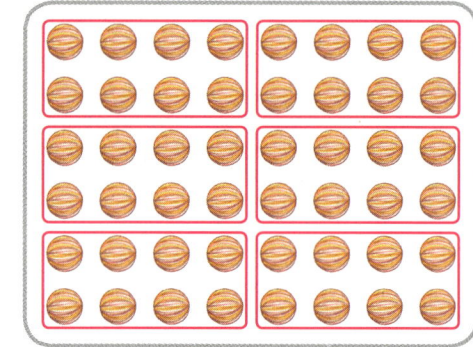

☐ ÷ 8 = ☐ (명)

🌲 나눗셈식을 보고 ☐ 안에 알맞은 수를 쓰세요.

❺

$16 ÷ 2 = 8$

☐ 나누기 ☐ 는 ☐ 과 같습니다.

☐ 을 ☐ 로 나눈 몫은 ☐ 입니다.

▲ 세로와 가로로 각각 한 줄씩 묶고 나눗셈식으로 나타내세요.

⑥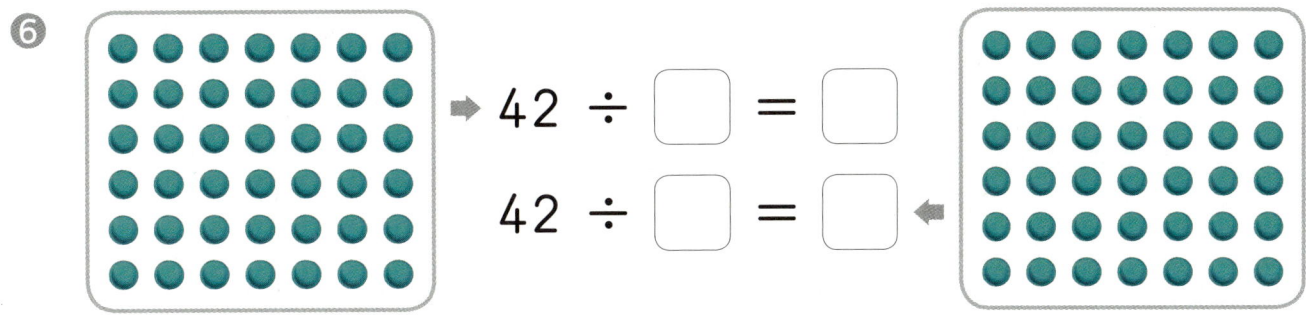

➡ 42 ÷ ☐ = ☐

42 ÷ ☐ = ☐

▲ 지붕의 수를 이용하여 곱셈식과 나눗셈식을 만들어 보세요.

⑦

56

× ÷

7   8

☐ × ☐ = ☐

☐ × ☐ = ☐

☐ ÷ ☐ = ☐

☐ ÷ ☐ = ☐

⑧

40

× ÷

5   8

☐ × ☐ = ☐

☐ × ☐ = ☐

☐ ÷ ☐ = ☐

☐ ÷ ☐ = ☐

▲ 곱셈식을 보고 나눗셈식을 만들어 보세요.

⑨

3 × 7 = 21

☐ ÷ ☐ = ☐

☐ ÷ ☐ = ☐

연산력 게임

QR코드를 찍으면 다양한 연산 게임을 할 수 있어요.

신나는 튜브 미끄럼틀

현수막에 쓰여 있는 나눗셈을 하면 얼마일까요?

튜브에 적힌 수를 보고 알맞은 사람을 찾아 손가락으로 누르세요.

9를 누르면 정답입니다.

빈 곳에 들어갈 연잎은 무엇일까요?

아래쪽에서 알맞은 수를 찾아 손가락으로 끌어서 빈 곳에 넣으세요.

6을 넣으면 정답입니다.

점프하는 개구리 왕자

나눗셈구구

▶ 연산 보충 학습(103~104쪽)에서 더 풀어 보세요.

학부모 지도 가이드

이번 차시에서는 곱셈구구를 이용하여 나눗셈의 몫을 쉽고 빠르게 구하고, 나눗셈을 세로 형식으로 쓰게 하여 나눗셈의 기초를 다집니다. 나눗셈의 몫을 구하기 위해서 곱셈구구가 왜 필요한지 세로 형식으로 나눗셈을 왜 써야 하는지 알도록 지도해 주세요.

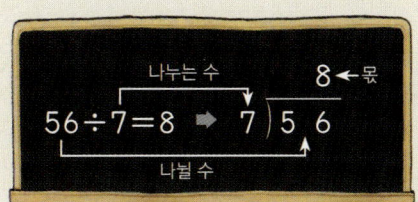

곱셈식을 이용하여 나눗셈의 몫 구하기

티나는 곱셈식을 이용하여 나눗셈의 몫을 구하려고 해요.

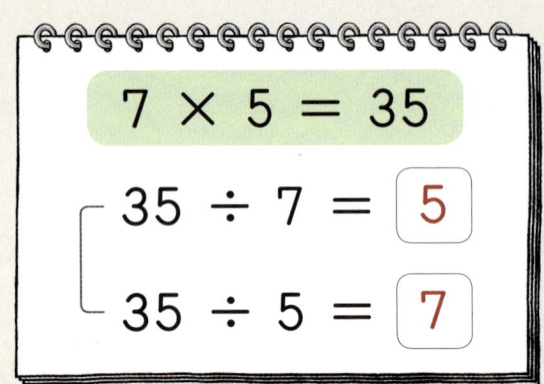

$$7 \times 5 = 35$$

$$35 \div 7 = \boxed{5}$$

$$35 \div 5 = \boxed{7}$$

$7 \times 5 = 35 \qquad 7 \times 5 = 35$

$35 \div 7 = 5 \qquad 35 \div 5 = 7$

두 수의 곱을
한 수로 나누면
다른 수는 몫이 돼.

🌳 곱셈식을 이용하여 나눗셈의 몫을 구하세요.

❶ $9 \times 2 = 18$

$$18 \div 9 = \boxed{}$$

$$18 \div 2 = \boxed{}$$

❷ $3 \times 8 = 24$

$$24 \div 3 = \boxed{}$$

$$24 \div 8 = \boxed{}$$

❸ $8 \times 6 = 48$

$$48 \div 8 = \boxed{}$$

$$48 \div 6 = \boxed{}$$

❹ $7 \times 9 = 63$

$$63 \div 7 = \boxed{}$$

$$63 \div 9 = \boxed{}$$

🌲 곱셈식을 보고 나눗셈의 몫을 구하세요.

$$6 \times 5 = 30 \Rightarrow 30 \div 5 = \boxed{6}$$

$$6 \times 5 = 30 \Rightarrow 30 \div 6 = \boxed{5}$$

두 수의 곱을
한 수로 나누면
신기하게 다른 수는
몫이 되네.

나눗셈의 몫을
구할 때에는
먼저 곱셈식을
생각해야 해.

❶ $7 \times 8 = 56 \Rightarrow 56 \div 8 = \boxed{}$

$7 \times 8 = 56 \Rightarrow 56 \div 7 = \boxed{}$

❷ $4 \times 9 = 36 \Rightarrow 36 \div 9 = \boxed{}$

$4 \times 9 = 36 \Rightarrow 36 \div 4 = \boxed{}$

❸ $6 \times 9 = 54 \Rightarrow 54 \div 9 = \boxed{}$

$6 \times 9 = 54 \Rightarrow 54 \div 6 = \boxed{}$

친구들이 곱셈식을 이용하여 나눗셈의 몫을 구하려고 해요.

$42 \div 6 = \boxed{}$ ➡ $6 \times 7 = 42$ ➡ $\boxed{} = 7$

곱이 나뉠 수 42가
되는 곱셈식을 찾아.

$6 \times 5 = 30$
$6 \times 6 = 36$
$6 \times 7 = 42$

나누는 수인 6의
단 곱셈구구를 외워.

곱셈과 나눗셈의
관계를 이용해서
몫을 구하면
$\square = 7$이야.

🌳 서로 관계있는 것끼리 선으로 이으세요.

❶

나눗셈식	곱셈식	몫
$18 \div 3 = \boxed{}$	$9 \times 7 = 63$	$\square = 7$
$24 \div 8 = \boxed{}$	$7 \times 5 = 35$	$\square = 3$
$63 \div 9 = \boxed{}$	$8 \times 3 = 24$	$\square = 6$
$35 \div 7 = \boxed{}$	$3 \times 6 = 18$	$\square = 5$

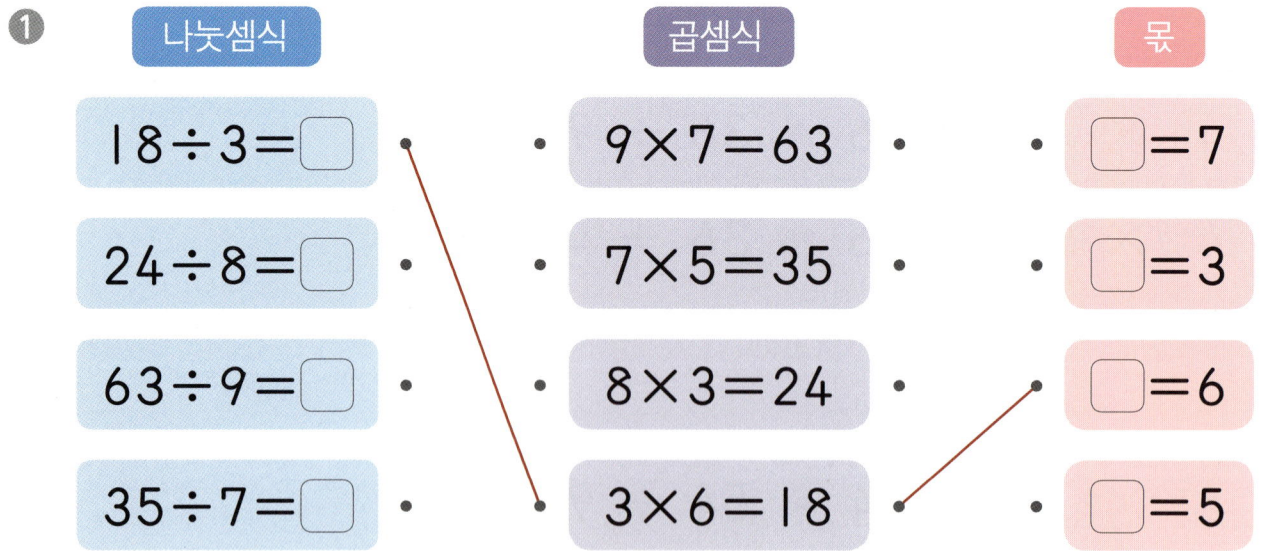

● 곱셈식을 완성하고 나눗셈의 몫을 구하세요.

$$3 \times \boxed{8} = 24$$
$$\Rightarrow 24 \div 3 = \boxed{8}$$

곱셈과 나눗셈의
관계를 이용하면
나눗셈의 몫을
구할 수 있어.

① $6 \times \boxed{} = 30$

$\Rightarrow 30 \div 6 = \boxed{}$

② $\boxed{} \times 4 = 32$

$\Rightarrow 32 \div 4 = \boxed{}$

③ $9 \times \boxed{} = 45$

$\Rightarrow 45 \div 9 = \boxed{}$

④ $\boxed{} \times 7 = 63$

$\Rightarrow 63 \div 7 = \boxed{}$

⑤ $3 \times \boxed{} = 21$

$\Rightarrow 21 \div 3 = \boxed{}$

⑥ $\boxed{} \times 5 = 20$

$\Rightarrow 20 \div 5 = \boxed{}$

⑦ $8 \times \boxed{} = 72$

$\Rightarrow 72 \div 8 = \boxed{}$

⑧ $\boxed{} \times 6 = 36$

$\Rightarrow 36 \div 6 = \boxed{}$

자동차가 갈림길에서 길을 찾고 있어요.

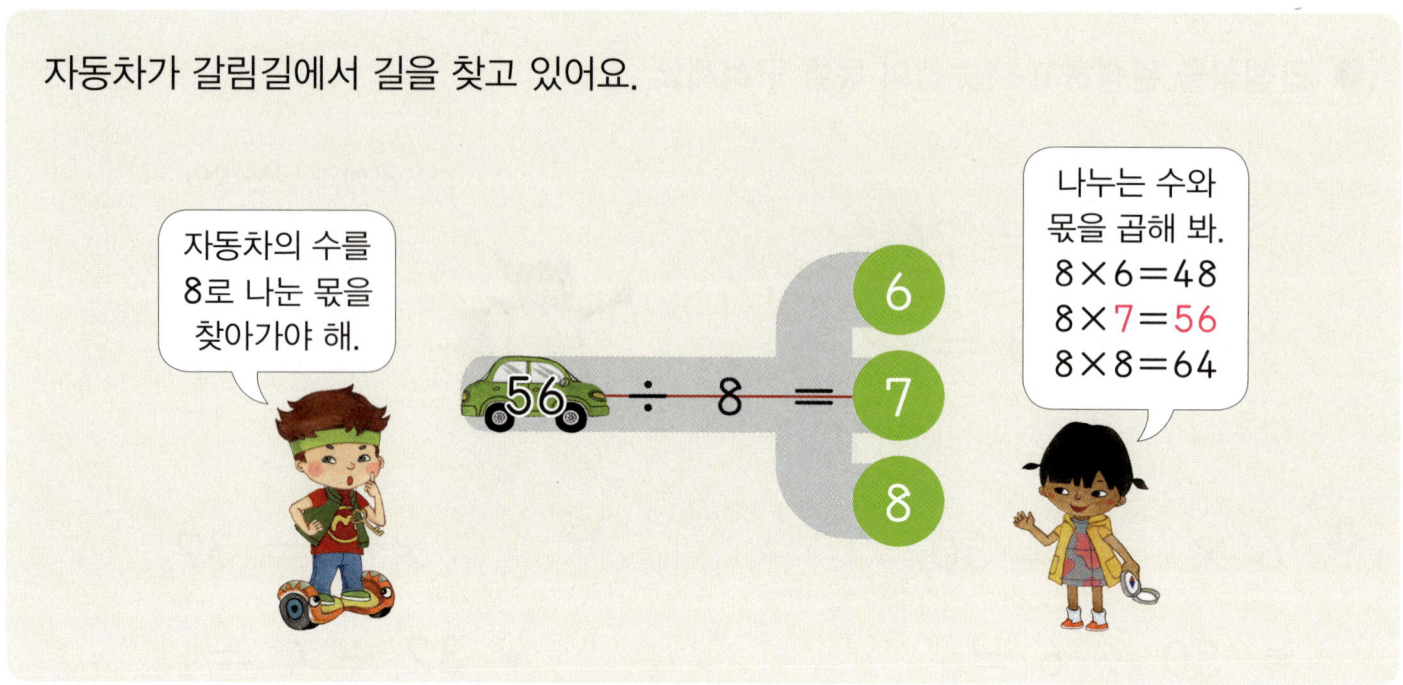

🌳 자동차가 길을 찾아가도록 선을 그으세요.

① $27 \div 3 =$ 7   9   3

② $45 \div 9 =$ 5   4   7

③ $36 \div 6 =$ 9   3   6

④ $72 \div 8 =$ 8   9   2

🌳 나눗셈의 몫을 찾아 색칠하세요.

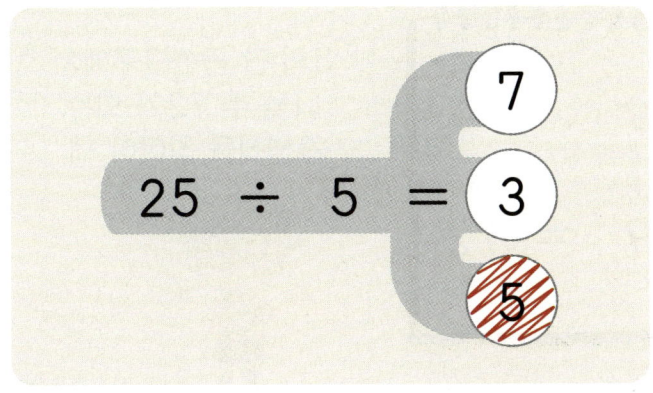

$$25 \div 5 = \begin{cases} 7 \\ 3 \\ 5 \end{cases}$$

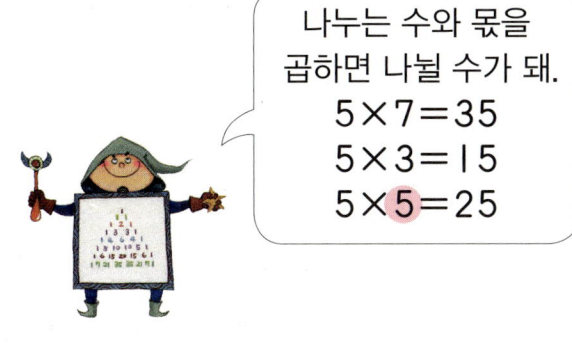

나누는 수와 몫을
곱하면 나뉠 수가 돼.
$5 \times 7 = 35$
$5 \times 3 = 15$
$5 \times 5 = 25$

❶

$$49 \div 7 = \begin{cases} 7 \\ 3 \\ 5 \end{cases}$$

❷

$$32 \div 8 = \begin{cases} 5 \\ 4 \\ 6 \end{cases}$$

❸

$$42 \div 6 = \begin{cases} 7 \\ 4 \\ 2 \end{cases}$$

❹

$$18 \div 6 = \begin{cases} 9 \\ 2 \\ 3 \end{cases}$$

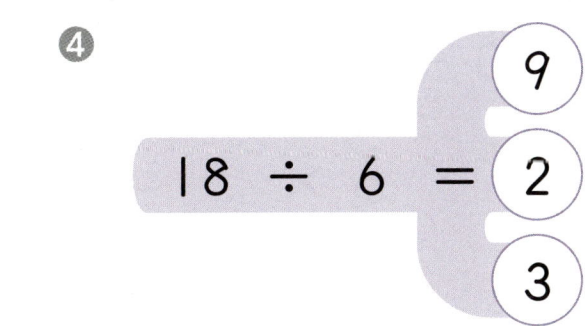

곱셈구구를
이용하면 몫을 쉽게
구할 수 있단다.

현우와 큐리는 나눗셈의 몫을 구하기 위해 곱셈식을 이용했어요.

나누는 수 8의 단 곱셈구구를 외워.

$$72 \div 8 = \boxed{9}$$

$$8 \times \boxed{9} = 72$$

8의 단 곱셈구구에서 나뉠 수 72가 되는 곱셈식을 찾아야 돼.

🌳 곱셈식을 이용하여 나눗셈의 몫을 구하세요.

❶ $12 \div 3 = \boxed{}$

$3 \times \boxed{} = 12$

❷ $42 \div 7 = \boxed{}$

$7 \times \boxed{} = 42$

❸ $30 \div 6 = \boxed{}$

$6 \times \boxed{} = 30$

❹ $45 \div 5 = \boxed{}$

$5 \times \boxed{} = 45$

❺ $16 \div 8 = \boxed{}$

$8 \times \boxed{} = 16$

❻ $54 \div 9 = \boxed{}$

$9 \times \boxed{} = 54$

🌳 나눗셈을 하세요.

$$18 \div 3 = \boxed{6}$$

나눗셈의 몫은
곱셈식을 이용하여
구하면 편리해.
$$3 \times \boxed{6} = 18$$

① $24 \div 8 = \boxed{}$

② $15 \div 3 = \boxed{}$

③ $14 \div 7 = \boxed{}$

④ $64 \div 8 = \boxed{}$

⑤ $10 \div 2 = \boxed{}$

⑥ $49 \div 7 = \boxed{}$

⑦ $81 \div 9 = \boxed{}$

⑧ $21 \div 3 = \boxed{}$

⑨ $25 \div 5 = \boxed{}$

⑩ $48 \div 6 = \boxed{}$

나눗셈구구 (2)

티나는 나눗셈의 몫을 찾아 선으로 이었어요.

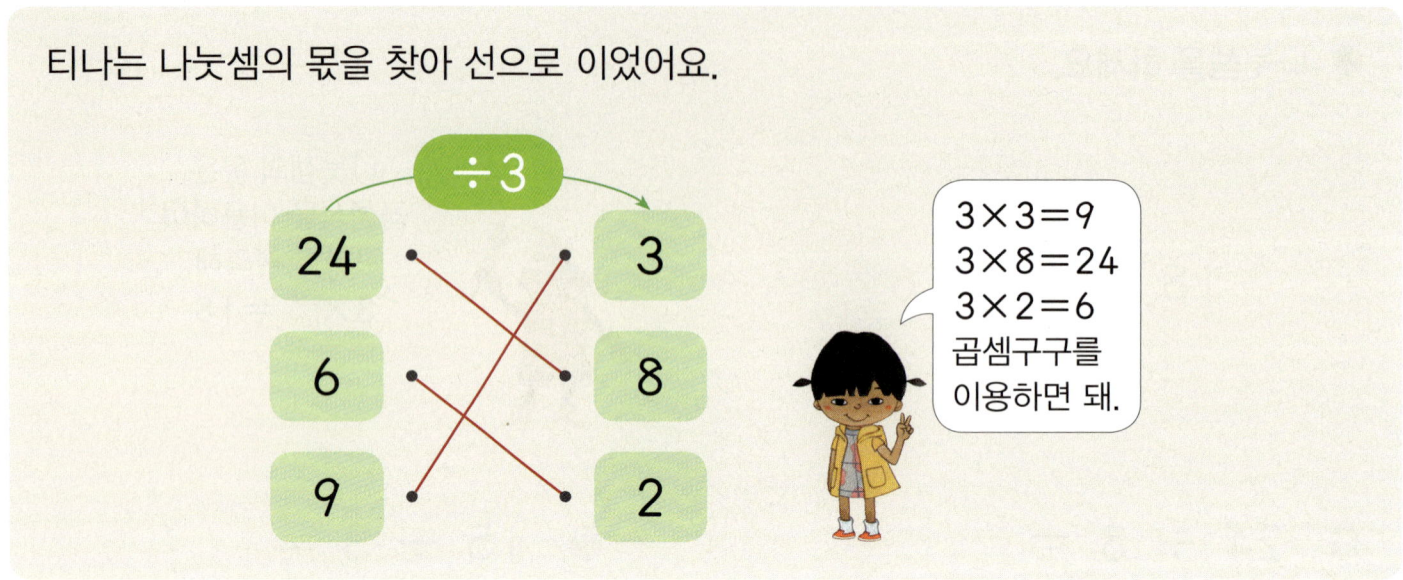

🌳 나눗셈의 몫을 찾아 선으로 이으세요.

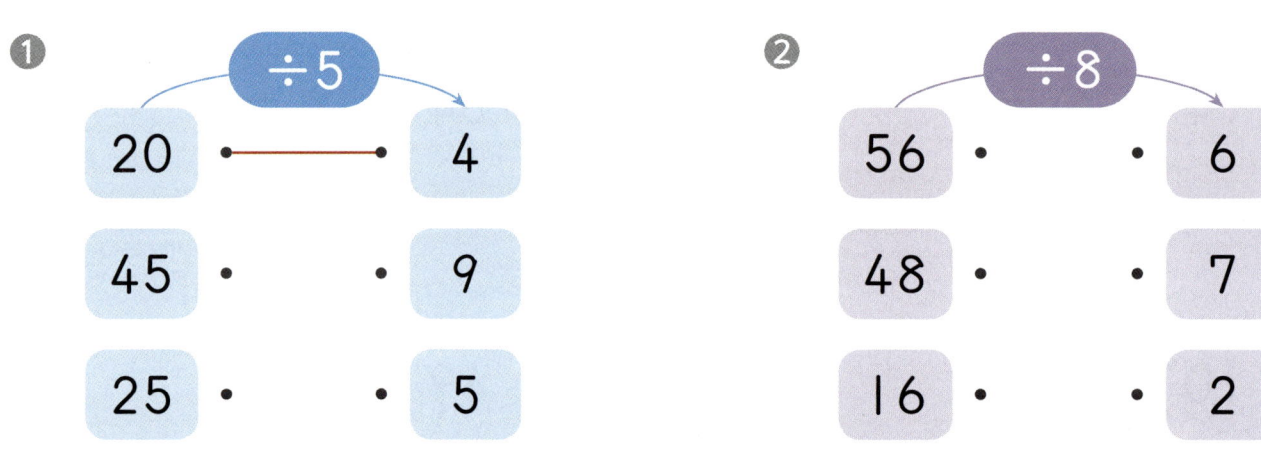

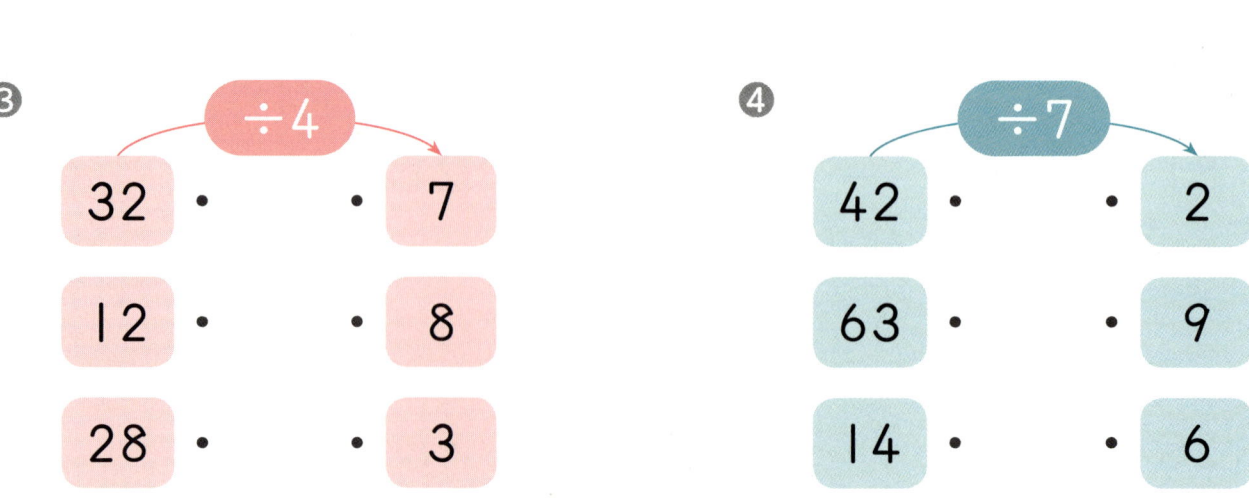

나눗셈의 몫을 구하세요.

$$24 \div 6 = \boxed{4}$$
$$30 \div 6 = \boxed{5}$$
$$42 \div 6 = \boxed{7}$$

$$6 \times 4 = 24$$
$$6 \times 5 = 30$$
$$6 \times 7 = 42$$
곱셈구구를
이용하면 돼.

❶
$$18 \div 2 = \boxed{}$$
$$4 \div 2 = \boxed{}$$
$$6 \div 2 = \boxed{}$$

❷
$$15 \div 3 = \boxed{}$$
$$21 \div 3 = \boxed{}$$
$$12 \div 3 = \boxed{}$$

❸
$$54 \div 9 = \boxed{}$$
$$72 \div 9 = \boxed{}$$
$$36 \div 9 = \boxed{}$$

❹
$$10 \div 5 = \boxed{}$$
$$35 \div 5 = \boxed{}$$
$$40 \div 5 = \boxed{}$$

❺
$$49 \div 7 = \boxed{}$$
$$35 \div 7 = \boxed{}$$
$$56 \div 7 = \boxed{}$$

❻
$$16 \div 4 = \boxed{}$$
$$36 \div 4 = \boxed{}$$
$$24 \div 4 = \boxed{}$$

태돌이는 나눗셈의 몫을 찾아 선으로 이었어요.

나눗셈의 몫을 찾아 선으로 이으세요.

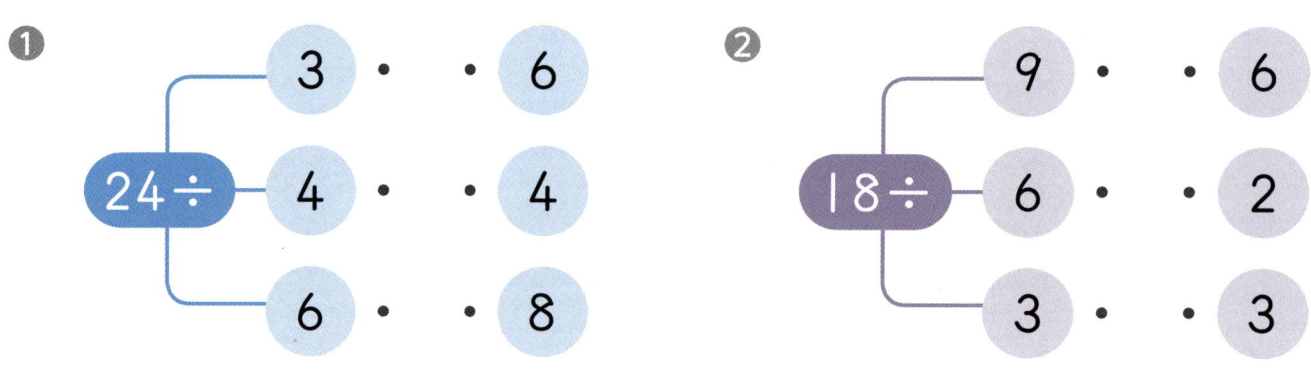

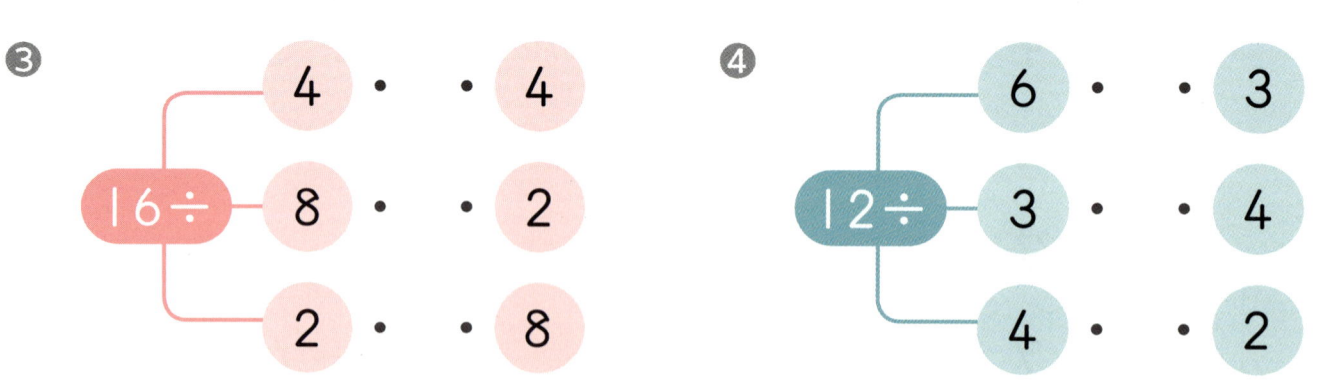

🌱 나눗셈의 몫을 구하세요.

$$16 \div 2 = \boxed{8}$$
$$16 \div 4 = \boxed{4}$$
$$16 \div 8 = \boxed{2}$$

$2 \times 8 = 16$
$4 \times 4 = 16$
$8 \times 2 = 16$
곱셈구구를
이용하면 돼.

❶
$$36 \div 6 = \boxed{}$$
$$36 \div 4 = \boxed{}$$
$$36 \div 9 = \boxed{}$$

❷
$$9 \div 1 = \boxed{}$$
$$9 \div 3 = \boxed{}$$
$$9 \div 9 = \boxed{}$$

❸
$$24 \div 4 = \boxed{}$$
$$24 \div 6 = \boxed{}$$
$$24 \div 8 = \boxed{}$$

❹
$$18 \div 2 = \boxed{}$$
$$18 \div 3 = \boxed{}$$
$$18 \div 6 = \boxed{}$$

❺
$$12 \div 4 = \boxed{}$$
$$12 \div 2 = \boxed{}$$
$$12 \div 6 = \boxed{}$$

❻
$$8 \div 2 = \boxed{}$$
$$8 \div 4 = \boxed{}$$
$$8 \div 1 = \boxed{}$$

공부한 날

월

일

세로 형식 나눗셈

큐리는 나눗셈식을 세로 형식으로 나타냈어요.

왜 나눗셈에서 세로 형식이 필요하지?

나누는 수

8 ← 몫

$56 \div 7 = 8$ ➡ $7 \overline{)5\ 6}$

나뉠 수

나눗셈이 복잡해질 때 세로 형식으로 나눗셈을 하면 편리해져.

🌳 나눗셈식을 세로 형식으로 나타냈어요. ☐ 안에 알맞은 수를 쓰세요.

❶ $30 \div 5 = 6$

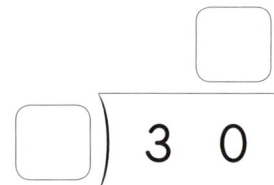

❷ $24 \div 3 = 8$

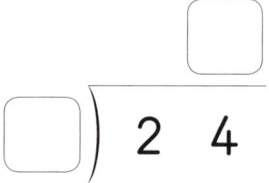

❸ $45 \div 9 = 5$

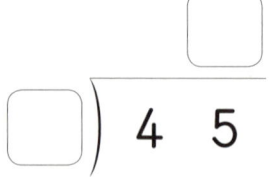

❹ $28 \div 4 = 7$

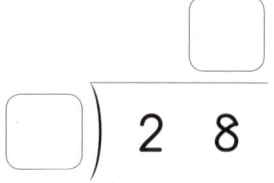

● 나눗셈식을 세로 형식으로 쓰세요.

$$54 \div 6 = 9$$

$$6 \overline{)\,5\ 4}$$
$$9$$

❶　$32 \div 8 = 4$

❷　$48 \div 6 = 8$

❸　$42 \div 7 = 6$

❹　$20 \div 4 = 5$

현우는 나눗셈을 세로 형식으로 나타내고 몫을 구했어요.

나눗셈을
세로 형식으로
나타낸다고?

$$32 \div 8 \;\rightarrow\; 8\,\overline{)\,3\;2}^{\,\;4}$$

세로 형식으로
나눗셈을 하면
편리해.

🌳 나눗셈을 세로 형식으로 나타내고 몫을 구하세요.

❶ $64 \div 8 \;\rightarrow\;$ ☐ $\overline{)\,}$ ☐

❷ $16 \div 4 \;\rightarrow\;$ ☐ $\overline{)\,}$ ☐

❸ $56 \div 7 \;\rightarrow\;$ ☐ $\overline{)\,}$ ☐

❹ $45 \div 5 \;\rightarrow\;$ ☐ $\overline{)\,}$ ☐

❺ $54 \div 9 \;\rightarrow\;$ ☐ $\overline{)\,}$ ☐

❻ $28 \div 7 \;\rightarrow\;$ ☐ $\overline{)\,}$ ☐

🌳 나눗셈의 몫을 구하세요.

$$\begin{array}{r} 6 \\ 6 \overline{)3\ 6} \end{array}$$

세로 형식으로 나눗셈의 몫을 구할 때에는 몫을 일의 자리에 맞추어 써야 해.

$$\begin{array}{r} 6 \\ 6 \overline{)3\ 6} \\ (\times) \end{array} \quad\bigg|\quad \begin{array}{r} 6 \\ 6 \overline{)3\ 6} \\ (\bigcirc) \end{array}$$

① $8 \overline{)7\ 2}$

② $4 \overline{)2\ 0}$

③ $7 \overline{)4\ 9}$

④ $3 \overline{)1\ 2}$

⑤ $2 \overline{)1\ 2}$

⑥ $5 \overline{)3\ 5}$

⑦ $6 \overline{)2\ 4}$

⑧ $9 \overline{)8\ 1}$

나눗셈구구 활용

친구들이 동물들의 집을 찾아 주려고 해요.

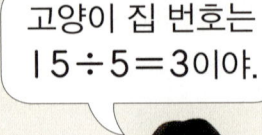 고양이 집 번호는 15÷5=3이야.

| 15÷5 | 32÷8 | 35÷7 |

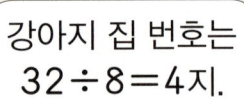 강아지 집 번호는 32÷8=4지.

5 3 4

🌳 나눗셈의 몫을 찾아 선으로 이으세요.

① | 36÷9 | 48÷8 | 14÷7 |

 4  2  6

② | 63÷7 | 9÷3 | 30÷6 |

 5  3  9

③ | 40÷8 | 64÷8 | 36÷9 |

 8  4  5

④ | 24÷8 | 18÷9 | 81÷9 |

9 3 2

나눗셈식이 되도록 선으로 이으세요.

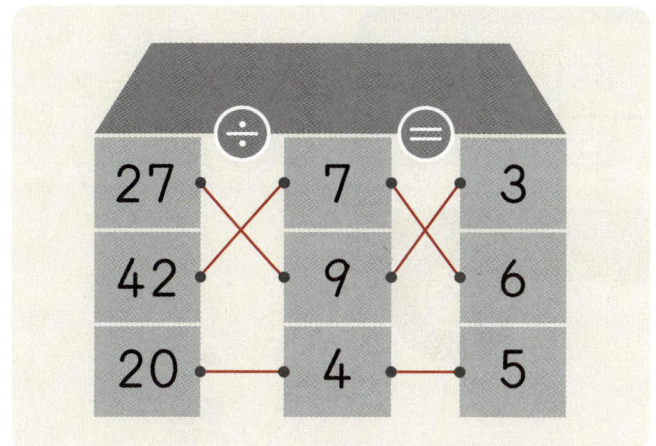

$27 \div 9 = 3$
$42 \div 7 = 6$
$20 \div 4 = 5$

❶

❷
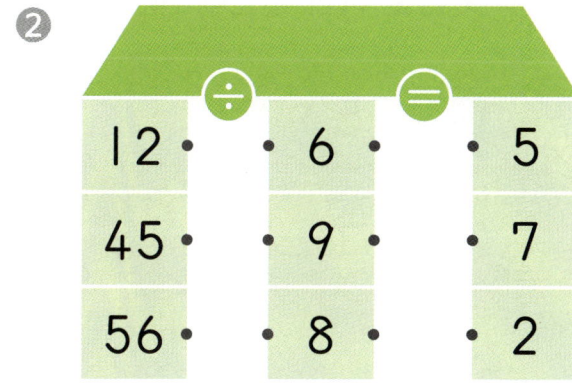

❸
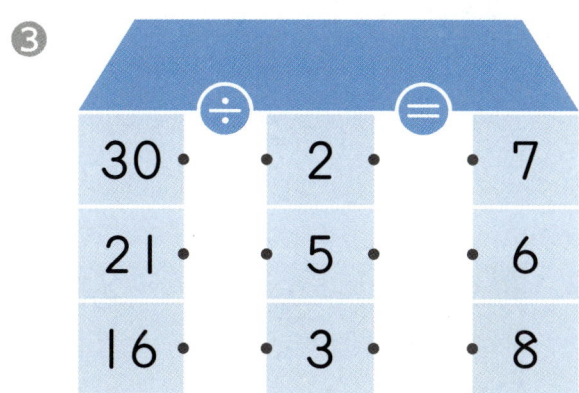

❹
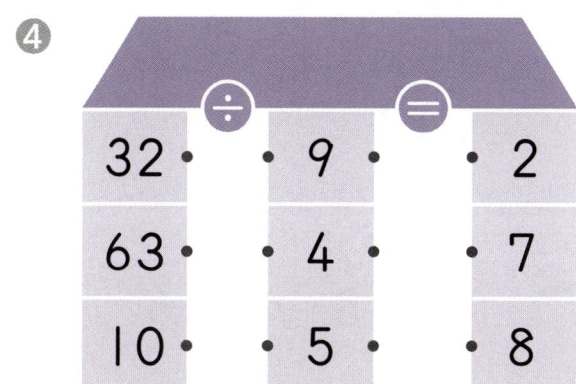

강아지가 타고 있는 버스에 나눗셈표가 그려져 있어요.

🌳 나눗셈을 하여 빈칸에 알맞은 수를 쓰세요.

①
÷	5	7
35		

②
÷	6	8
48		

③
÷	2	4	8
16			

④
÷	4	6	9
36			

⑤
÷	8	4	6	3
24				

⑥
÷	2	4	6	3
12				

나눗셈을 하여 빈칸에 알맞은 수를 쓰세요.

÷	4	8
8	2	1
32	8	4

왼쪽의 수를 위의 수로
나눈 몫을 써야 해.
$8 \div 4 = 2$ $8 \div 8 = 1$
$32 \div 4 = 8$ $32 \div 8 = 4$

❶
÷	3	9
18		
27		

❷
÷	2	8
16		
8		

❸
÷	3	4
12		
24		

❹
÷	6	8
24		
48		

❺
÷	6	2
18		
12		

❻
÷	9	6
36		
54		

공부한 날

월

일

🌲 곱셈식을 이용하여 나눗셈의 몫을 구하세요.

❶ $3 \times 7 = 21$

$21 \div 3 = \boxed{}$

$21 \div 7 = \boxed{}$

❷ $5 \times 6 = 30$

$30 \div 5 = \boxed{}$

$30 \div 6 = \boxed{}$

🌲 곱셈식을 완성하고 나눗셈의 몫을 구하세요.

❸ $9 \times \boxed{} = 36$

➡ $36 \div 9 = \boxed{}$

❹ $\boxed{} \times 8 = 56$

➡ $56 \div 8 = \boxed{}$

🌲 나눗셈의 몫을 찾아 선으로 이으세요.

❺

24 •   • 6

18 •   • 5

15 •   • 8

❻

40 •   • 4

64 •   • 8

32 •   • 5

🌲 나눗셈을 세로 형식으로 나타내고 몫을 구하세요.

❼ $42 \div 7$ ➡

❽ $54 \div 6$ ➡

🌲 나눗셈식이 되도록 선으로 이으세요.

❾

35	÷	9	=	3
27		5		8
32		4		7

❿

15	÷	5	=	9
49		7		3
72		8		7

🌲 나눗셈을 하여 빈칸에 알맞은 수를 쓰세요.

⓫

÷	6	9
18		
36		

⓬

÷	4	8
16		
24		

연산력 게임

QR코드를 찍으면 다양한 연산 게임을 할 수 있어요.

칙칙폭폭 나눗셈 기차

빈 곳에 들어갈 기차는 무엇일까요?

나눗셈을 하여 아래쪽에서 알맞은 수를 찾아 손가락으로 끌어서 빈 곳에 넣으세요.
7을 넣으면 정답입니다.

로봇 몸통에 적혀 있는 나눗셈의 몫은 얼마일까요?

오른쪽에서 알맞은 수를 찾아 손가락으로 끌어서 빈 곳에 넣으세요.
6을 넣으면 정답입니다.

척척박사 로봇

나눗셈의 몫과 나머지

▶ 연산 보충 학습(105～106쪽)에서 더 풀어 보세요.

학부모 지도 가이드

이번 차시에서는 나눗셈의 몫과 나머지를 구하는 과정을 공부합니다. 곱셈구구를 이용하여 □가 있는 나눗셈구구를 해결하게 하고, 그림으로 묶음과 낱개의 개념을 깨닫게 하여 몫과 나머지를 바르게 이해할 수 있도록 합니다. 이러한 나눗셈의 계산 원리를 알게 하여 실생활에서 나눗셈의 의미를 찾을 수 있도록 지도해 주세요.

$$15 \div \boxed{3} = 5$$

$$13 \div 4 = 3 \cdots 1$$

□가 있는 나눗셈구구

태돌이와 큐리는 나눗셈의 어떤 수를 구해요.

□ 안에는 어떤 수가 들어갈까?

$$15 \div \boxed{3} = 5$$

곱셈을 이용하면 편리해.
$5 \times 1 = 5$
$5 \times 2 = 10$
$5 \times 3 = 15$

🌳 □ 안에 알맞은 수를 쓰세요.

❶ $35 \div \boxed{} = 5$
$5 \times 7 = 35$

❷ $16 \div \boxed{} = 4$

❸ $\boxed{} \div 8 = 9$
$8 \times 9 = 72$

❹ $\boxed{} \div 3 = 7$

❺ $27 \div \boxed{} = 3$

❻ $36 \div \boxed{} = 6$

❼ $\boxed{} \div 9 = 2$

❽ $\boxed{} \div 2 = 8$

🌳 ☐ 안에 들어갈 수가 같은 것끼리 선으로 이으세요.

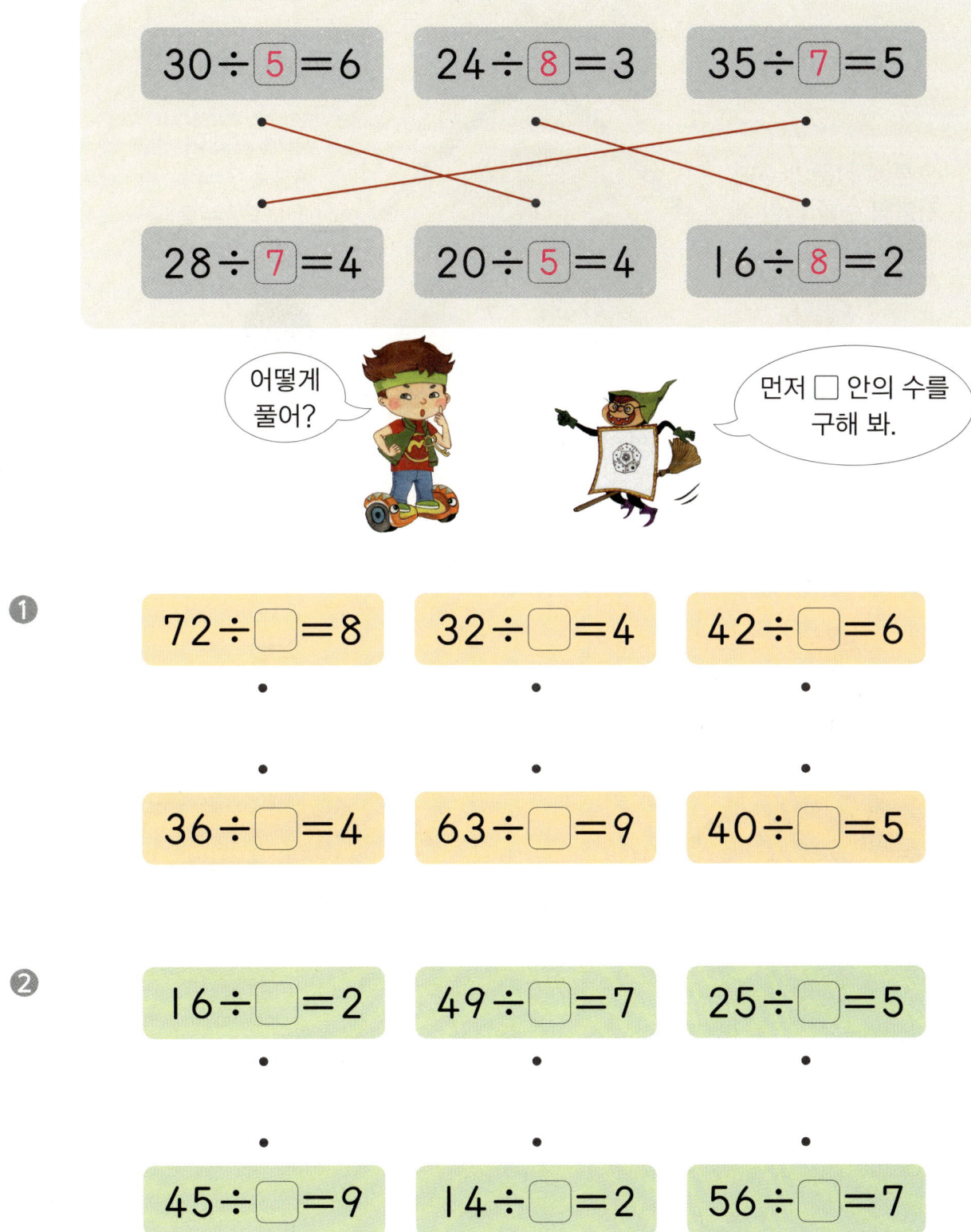

$30÷5=6$ $24÷8=3$ $35÷7=5$

$28÷7=4$ $20÷5=4$ $16÷8=2$

어떻게 풀어?

먼저 ☐ 안의 수를 구해 봐.

❶

$72÷☐=8$ $32÷☐=4$ $42÷☐=6$

$36÷☐=4$ $63÷☐=9$ $40÷☐=5$

❷

$16÷☐=2$ $49÷☐=7$ $25÷☐=5$

$45÷☐=9$ $14÷☐=2$ $56÷☐=7$

현우와 티나는 동물나라 집의 창문을 구경했어요.

빈칸에 알맞은 수를 쓰세요.

①

÷4

24	6
16	
	9
12	

②

÷8

56	7
64	
	6
32	

🌳 빈칸에 알맞은 수를 쓰세요.

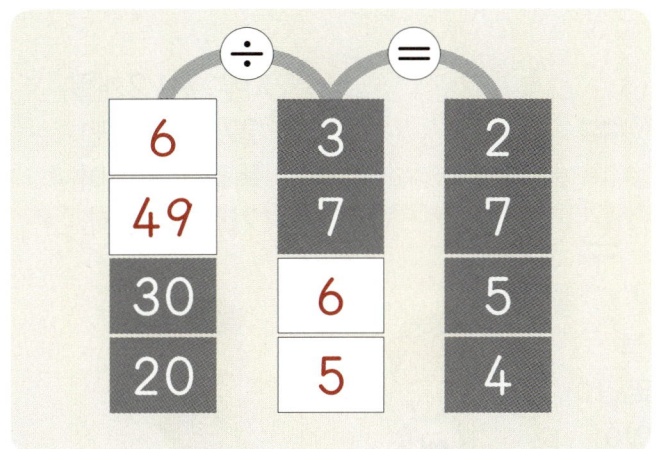

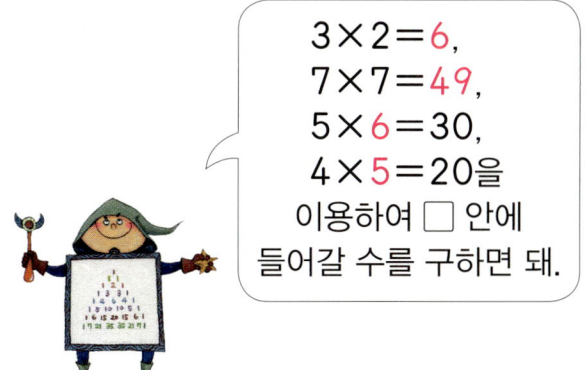

공부한 날

월

일

①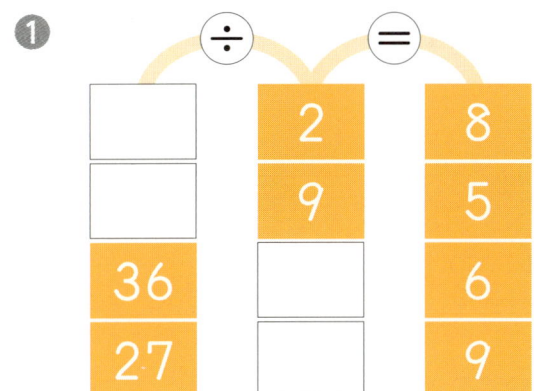

②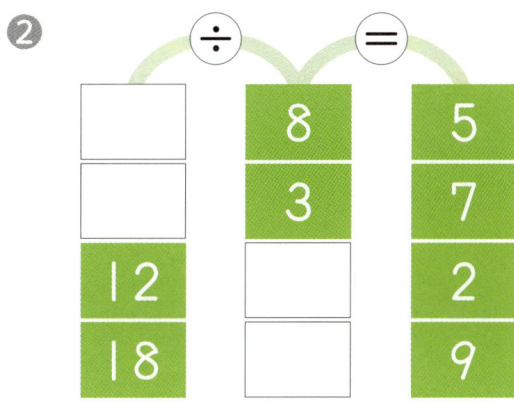

③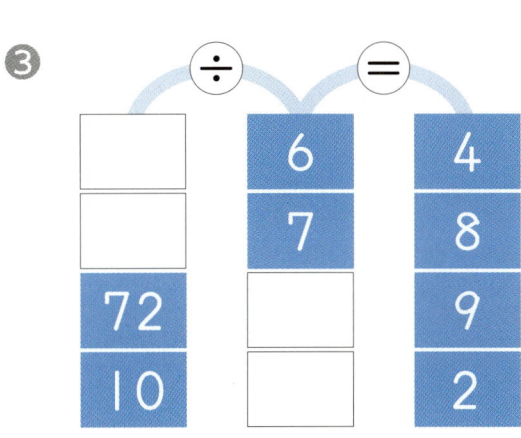

④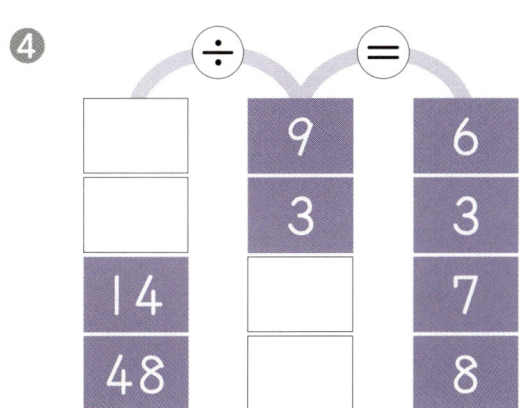

묶이 같은 나눗셈

학용품을 6명이 똑같이 나누어 가지려고 해요.

$18 \div 3 = 6$

$12 \div 2 = 6$

지우개 12개를 2개씩 나누면 똑같이 6명이 가질 수 있지.

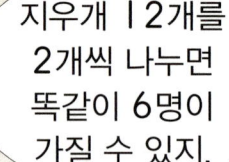

연필 18자루를 3자루씩 나누면 똑같이 6명이 가질 수 있어.

🌳 그림을 보고 ☐ 안에 알맞은 수를 쓰세요.

①

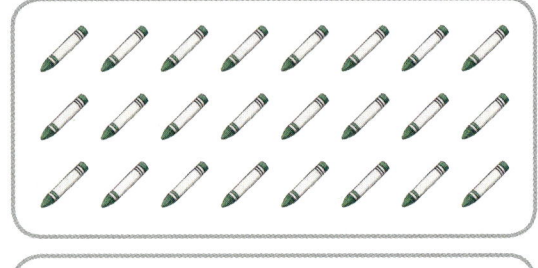

$24 \div 3 = \boxed{}$

$16 \div \boxed{} = \boxed{}$

②

$20 \div 4 = \boxed{}$

$15 \div \boxed{} = \boxed{}$

🌳 몫이 같은 것끼리 선으로 이으세요.

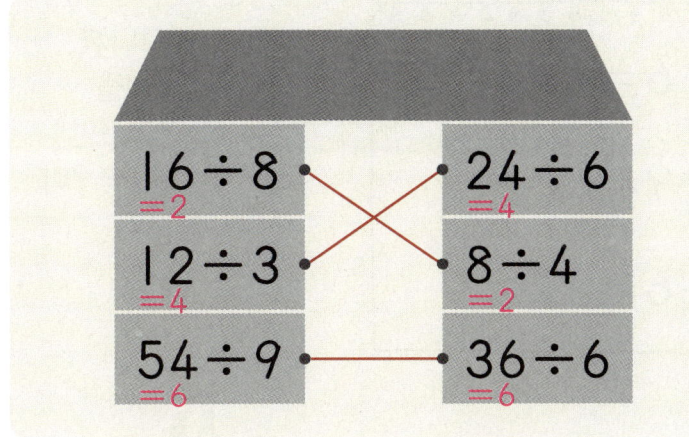

$16 \div 8$ =2
$12 \div 3$ =4
$54 \div 9$ =6

$24 \div 6$ =4
$8 \div 4$ =2
$36 \div 6$ =6

몫을 구하고
몫이 같은 것끼리
선으로 이어.

❶

$3 \div 3$ ・   ・ $9 \div 9$

$35 \div 7$ ・   ・ $15 \div 3$

$24 \div 6$ ・   ・ $32 \div 8$

❷

$8 \div 2$ ・   ・ $10 \div 5$

$4 \div 2$ ・   ・ $9 \div 1$

$27 \div 3$ ・   ・ $4 \div 1$

❸

$12 \div 4$ ・   ・ $48 \div 8$

$18 \div 3$ ・   ・ $4 \div 2$

$14 \div 7$ ・   ・ $21 \div 7$

❹

$15 \div 5$ ・   ・ $30 \div 5$

$42 \div 7$ ・   ・ $36 \div 9$

$16 \div 4$ ・   ・ $9 \div 3$

티나와 큐리가 몫이 같은 나눗셈식을 찾고 있어요.

18÷6의 몫은 3, 27÷9의 몫도 3이야. 두 나눗셈의 몫이 같네.

18÷6= 3

27÷9= 3

➡ 18 ÷6=27÷ 9

몫이 같으니까 두 나눗셈을 '='로 연결하면 18÷6=27÷9야.

🌳 몫이 같은 나눗셈식이에요. ☐ 안에 알맞은 수를 쓰세요.

❶ 18 ÷ 9 = ☐

6 ÷ 3 = ☐

➡ ☐ ÷ 9 = 6 ÷ ☐

❷ 24 ÷ 4 = ☐

54 ÷ 9 = ☐

➡ ☐ ÷ 4 = 54 ÷ ☐

❸ 16 ÷ 4 = ☐

8 ÷ 2 = ☐

➡ 16 ÷ ☐ = 8 ÷ ☐

❹ 36 ÷ 4 = ☐

63 ÷ 7 = ☐

➡ 36 ÷ ☐ = 63 ÷ ☐

🌳 나눗셈의 몫이 같도록 ☐ 안에 알맞은 수를 쓰세요.

$$12 \div 6 = 18 \div \boxed{9}$$

$12 \div 6 = 2$ $2 \times 9 = 18$

$12 \div 6 = 2$
2와 곱해서 18이
되는 수를 찾으면 돼.

❶ $24 \div 8 = 12 \div \boxed{}$

$24 \div 8 = 3$ $3 \times 4 = 12$

❷ $42 \div 7 = 48 \div \boxed{}$

❸ $45 \div 5 = \boxed{} \div 9$

$45 \div 5 = 9$ $9 \times 9 = 81$

❹ $36 \div 6 = \boxed{} \div 4$

❺ $12 \div \boxed{} = 8 \div 4$

❻ $6 \div \boxed{} = 21 \div 7$

❼ $\boxed{} \div 4 = 20 \div 5$

❽ $\boxed{} \div 7 = 56 \div 8$

묶음과 낱개

현우와 큐리는 꼬마 요괴 4명에게 과자를 5개씩 나누어 주려고 해요.

과자 23개를 5개씩 나누어 주면 몇 개가 남지?

남은 과자를 내가 먹어야지.

5개씩 나누어 주면 3개가 남네.

23은 5씩 **4** 묶음과 낱개 **3**

🌳 쿠키를 나누었어요. 묶음과 낱개의 수를 쓰세요.

❶

22는 3씩 ☐ 묶음과 낱개 ☐

❷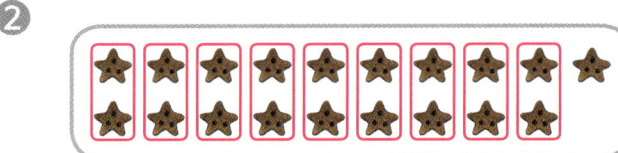

19는 2씩 ☐ 묶음과 낱개 ☐

❸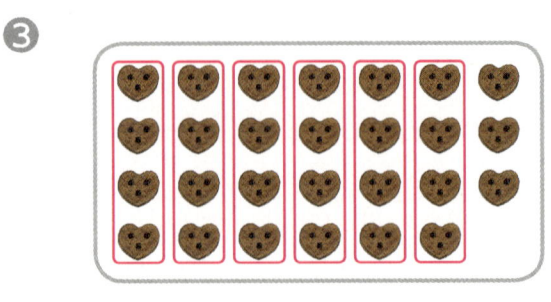

27은 4씩 ☐ 묶음과 낱개 ☐

❹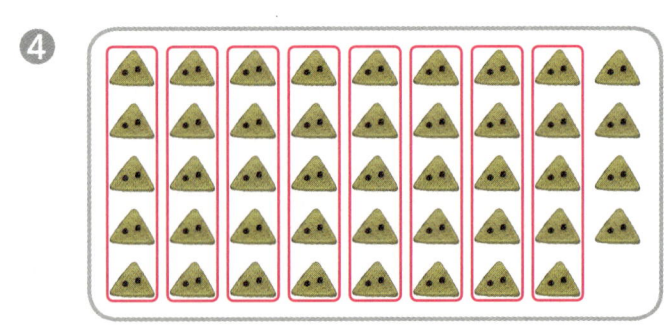

44는 5씩 ☐ 묶음과 낱개 ☐

🌳 공의 수를 세고 묶음과 낱개의 수를 쓰세요.

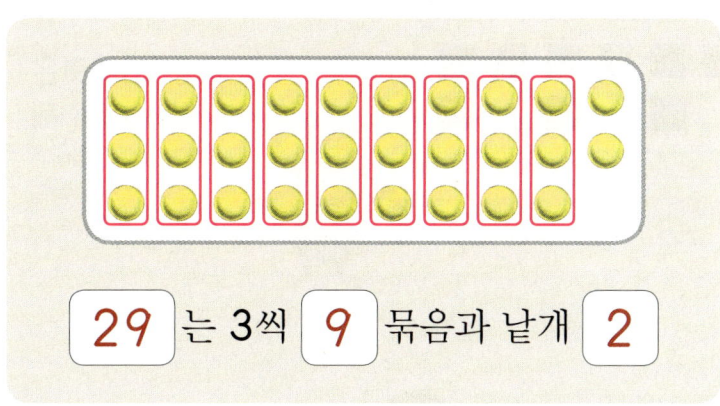

29 는 3씩 9 묶음과 낱개 2

29개를 3개씩 묶으면 9묶음이고 남은 낱개는 2개군.

❶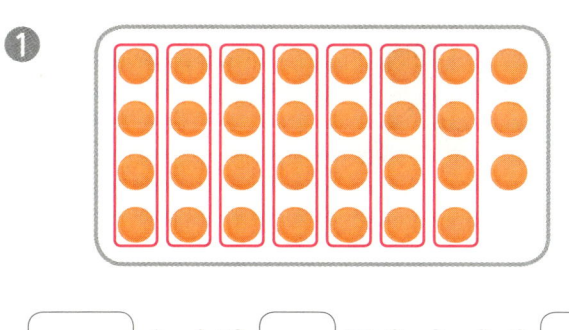

◻ 은 4씩 ◻ 묶음과 낱개 ◻

❷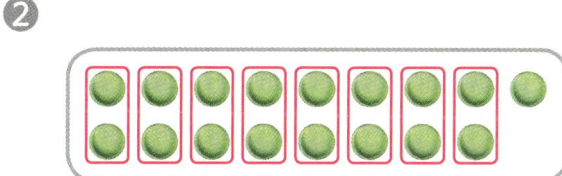

◻ 은 2씩 ◻ 묶음과 낱개 ◻

❸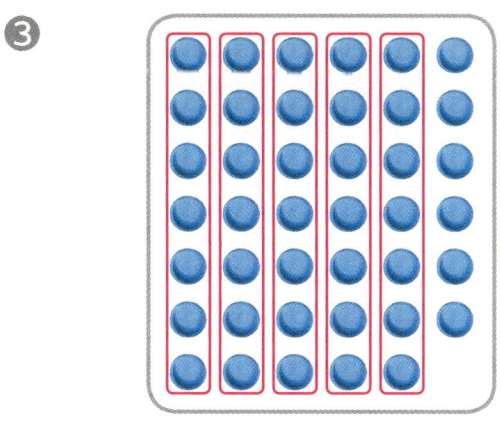

◻ 은 7씩 ◻ 묶음과 낱개 ◻

❹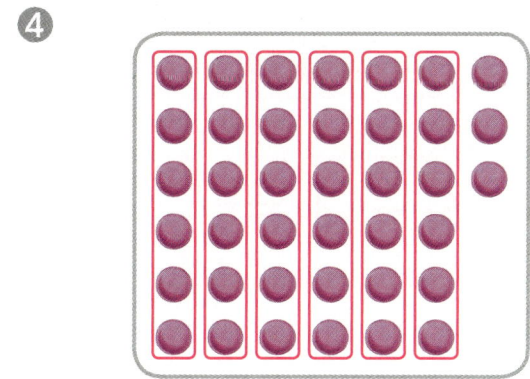

◻ 는 6씩 ◻ 묶음과 낱개 ◻

티나와 태돌이는 초콜릿을 3개씩 나누어 주려고 해요.

$14 \div 3 = \boxed{4} \cdots \boxed{2}$

묶음　낱개

🌳 초콜릿을 똑같이 나누었어요. 묶음과 낱개의 수를 쓰세요.

❶

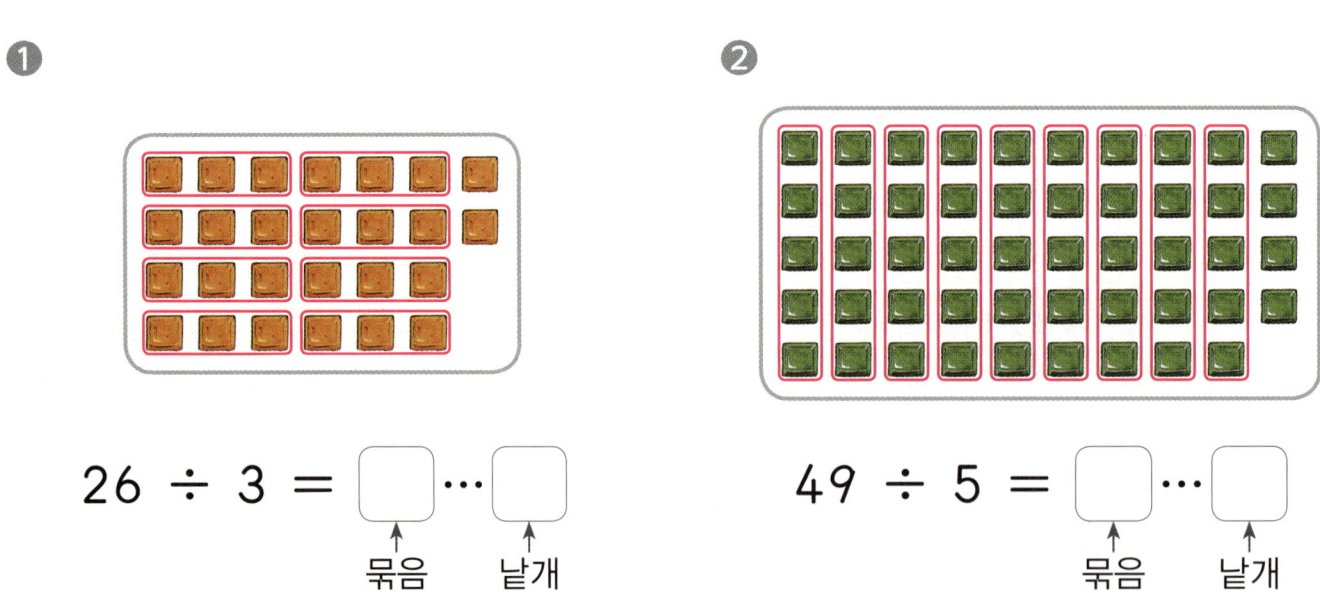

$26 \div 3 = \boxed{} \cdots \boxed{}$

묶음　낱개

❷

$49 \div 5 = \boxed{} \cdots \boxed{}$

묶음　낱개

🌳 사탕을 똑같이 나누었어요. 사탕의 수를 세고 묶음과 낱개의 수를 쓰세요.

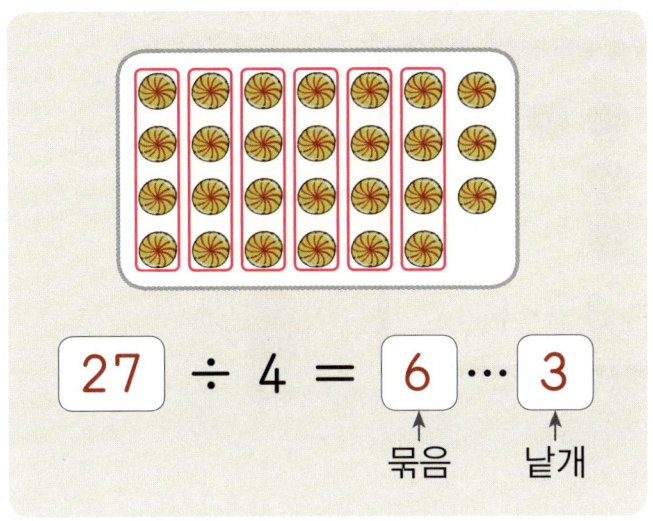

$$27 \div 4 = 6 \cdots 3$$

묶음　　낱개

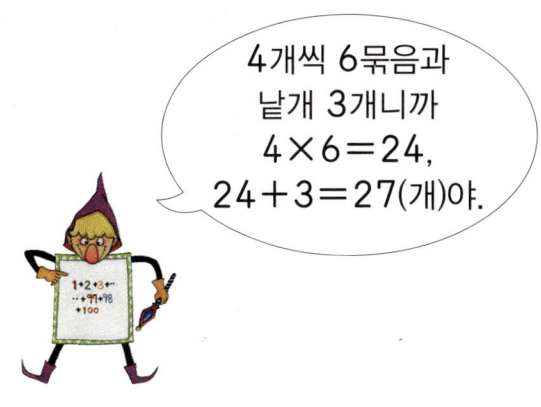

4개씩 6묶음과
낱개 3개니까
$4 \times 6 = 24$,
$24 + 3 = 27$(개)야.

❶

$$\boxed{} \div 2 = \boxed{} \cdots \boxed{}$$

묶음　　낱개

❷

$$\boxed{} \div 4 = \boxed{} \cdots \boxed{}$$

묶음　　낱개

❸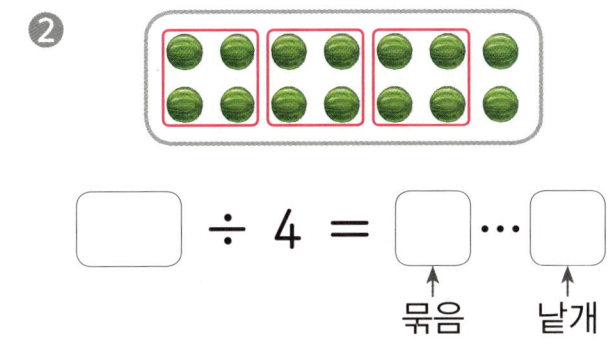

$$\boxed{} \div 6 = \boxed{} \cdots \boxed{}$$

묶음　　낱개

❹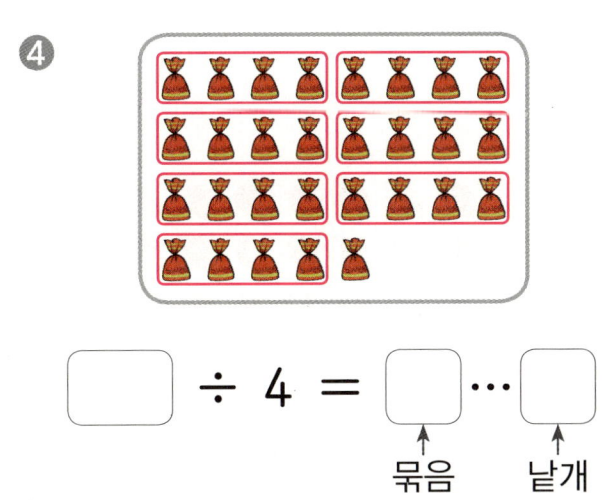

$$\boxed{} \div 4 = \boxed{} \cdots \boxed{}$$

묶음　　낱개

나머지가 있는 나눗셈

현우와 큐리가 나눗셈식을 보고 여러 가지 방법으로 말했어요.

13 나누기 4의
몫은 3,
나머지는 1이야.

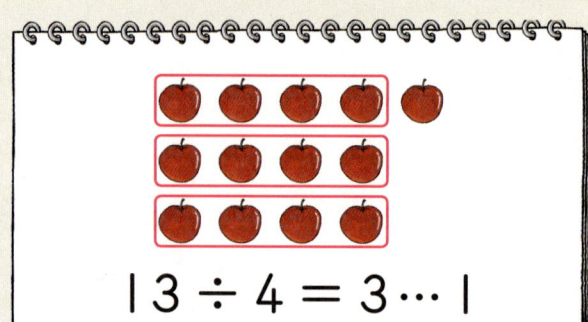

$$13 \div 4 = 3 \cdots 1$$

13을 4로
나누면 몫은 3,
나머지는 1이 돼.

🌳 나눗셈식을 보고 ☐ 안에 알맞은 수를 쓰세요.

❶

$$11 \div 2 = 5 \cdots 1$$

11 나누기 2의 몫은 ☐,

나머지는 ☐ 입니다.

11을 2로 나누면 몫은 ☐,

나머지는 ☐ 입니다.

❷

$$20 \div 3 = 6 \cdots 2$$

20 나누기 3의 몫은 ☐,

나머지는 ☐ 입니다.

20을 3으로 나누면 몫은 ☐,

나머지는 ☐ 입니다.

🌳 **그림을 보고 ☐ 안에 알맞은 수를 쓰세요.**

23 나누기 5의 몫은 4 ,

나머지는 3 입니다.

$$23 \div 5 = 4 \cdots 3$$

몫　나머지

똑같이 묶고
남은 낱개를
나머지라고 해.

❶
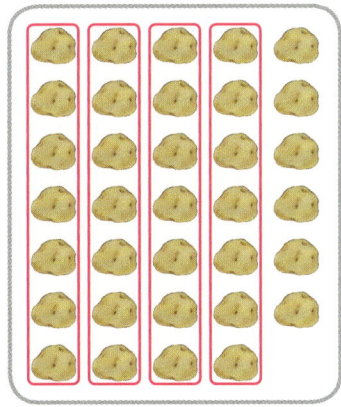

$$34 \div 7 = 4 \cdots 6$$

☐ 나누기 7의 몫은 ☐ ,

나머지는 ☐ 입니다.

❷
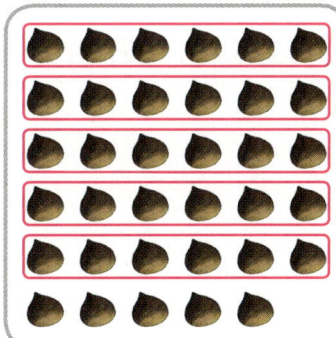

$$35 \div 6 = 5 \cdots 5$$

☐ 나누기 6의 몫은 ☐ ,

나머지는 ☐ 입니다.

친구들이 곱셈식을 이용하여 나눗셈의 몫과 나머지를 구하려고 해요.

몫을 2로 하면 낱개 5개로 1묶음을 더 만들 수 있어.

몫을 4로 하면 낱개 1개가 부족해.

몫을 3으로 하면 낱개 2개가 나머지야.

$11 \div 3 = 3 \cdots 2$
$3 \times 2 = 6$
$3 \times 3 = 9$
$3 \times 4 = 12$

3의 단 곱셈구구에서 $3 \times 3 = 9$이므로 곱셈식을 이용하면 몫과 나머지를 구할 수 있어.

🌳 곱셈식을 이용하여 나눗셈의 몫과 나머지를 구하세요.

❶ $37 \div 5 = \boxed{} \cdots \boxed{}$ $5 \times 7 = 35$

❷ $27 \div 6 = \boxed{} \cdots \boxed{}$ $6 \times 4 = 24$

❸ $55 \div 9 = \boxed{} \cdots \boxed{}$ $9 \times 6 = 54$

❹ $15 \div 2 = \boxed{} \cdots \boxed{}$ $2 \times 7 = 14$

🌳 곱셈식을 이용하여 나눗셈의 몫과 나머지를 쓰세요.

$$25 \div 4 = \boxed{6} \cdots \boxed{1}$$

$4 \times 5 = 20$
$4 \times 6 = 24$
$4 \times 7 = 28$

4의 단 곱셈구구에서 25보다 작으면서 가장 가까운 곱을 찾아.
$4 \times 5 = 20$
$4 \times 6 = 24$
$4 \times 7 = 28$

❶ $34 \div 6 = \boxed{} \cdots \boxed{}$

$6 \times 4 = 24$
$6 \times 5 = 30$
$6 \times 6 = 36$

❷ $43 \div 5 = \boxed{} \cdots \boxed{}$

$5 \times 7 = 35$
$5 \times 8 = 40$
$5 \times 9 = 45$

❸ $58 \div 7 = \boxed{} \cdots \boxed{}$

$7 \times 7 = 49$
$7 \times 8 = 56$
$7 \times 9 = 63$

❹ $41 \div 8 = \boxed{} \cdots \boxed{}$

$8 \times 4 = 32$
$8 \times 5 = 40$
$8 \times 6 = 48$

공부한 날

월

일

참 잘했어요

세로 형식 나눗셈

나눗셈식을 세로 형식으로 나타내려고 해요.

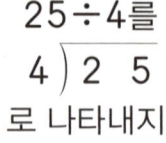

25÷4를
4) 2 5
로 나타내지.

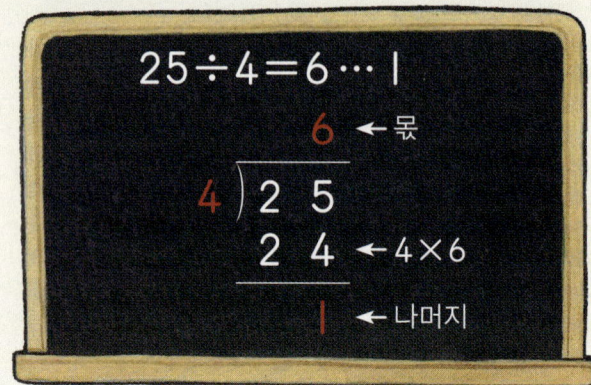

25÷4=6···1

6 ←몫

4) 2 5
  2 4 ←4×6

  1 ←나머지

나머지가 있는 나눗셈을 할 때는 세로 형식이 편리해.

🌳 나눗셈식을 세로 형식으로 나타내었어요. ☐ 안에 알맞은 수를 쓰세요.

❶ 29 ÷ 5 = 5···4

```
       ☐
    ☐ ) 2 9
        2 5
       ☐
```

❷ 32 ÷ 7 = 4···4

```
       ☐
    ☐ ) 3 2
        2 8
       ☐
```

❸ 58 ÷ 7 = 8···2

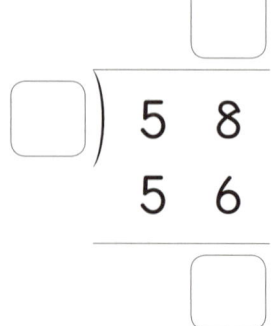

```
       ☐
    ☐ ) 5 8
        5 6
       ☐
```

❹ 42 ÷ 9 = 4···6

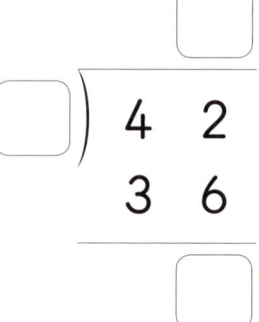

```
       ☐
    ☐ ) 4 2
        3 6
       ☐
```

🌳 나눗셈식을 세로 형식으로 쓰세요.

$$37 \div 6 = 6 \cdots 1$$

$$\begin{array}{r} 6 \\ 6\,)\,\overline{3\ 7} \\ 3\ 6 \\ \hline 1 \end{array}$$

나머지는 나누는
수보다 작아야 해.

① $48 \div 9 = 5 \cdots 3$

$$9\,)\,\overline{4\ \ 8}$$

② $25 \div 7 = 3 \cdots 4$

$$7\,)\,\overline{2\ \ 5}$$

③ $44 \div 5 = 8 \cdots 4$

$$5\,)\,\overline{4\ \ 4}$$

④ $28 \div 8 = 3 \cdots 4$

$$8\,)\,\overline{2\ \ 8}$$

아이들이 바르게 계산한 나눗셈을 찾으려고 해요.

(1)
```
        2
   6 ) 1 9
       1 2  ← 6×2
         7  ← 19-12
```

(2)
```
        3
   6 ) 1 9
       1 8  ← 6×3
         1  ← 19-18
```

(3)
```
        4
   6 ) 1 9
       2 4  ← 6×4
         ?  ← 19-24
```

나머지는 나누는 수 6보다 작아야 해. (1)은 나눗셈이 잘못된 거야.

(3)은 몫을 크게 구해서 틀렸어.

🌳 바르게 계산한 나눗셈에 ◯표 하세요.

❶
```
        3
   8 ) 4 2
       2 4
       1 8
```
```
        4
   8 ) 4 2
       3 2
       1 0
```
```
        5
   8 ) 4 2
       4 0
         2
```

❷
```
        7
   4 ) 3 5
       2 8
         7
```
```
        8
   4 ) 3 5
       3 2
         3
```
```
        9
   4 ) 3 5
       3 6
         1
```

🌳 ☐ 안에 알맞은 수를 쓰세요.

5의 단 곱셈구구 중에서
32보다 작으면서
32에 가까운 곱을 찾아.
5×6=30

$$5 \overline{)\,3\;2} \quad \begin{array}{c} 6 \\ \hline 3\;0 \\ \hline 2 \end{array}$$

나머지는
나누는 수 5보다
작아야 해.

❶

$$3 \overline{)\,1\;6}$$

❷

$$7 \overline{)\,4\;0}$$

❸

$$4 \overline{)\,2\;9}$$

❹

$$2 \overline{)\,1\;5}$$

❺

$$6 \overline{)\,3\;7}$$

❻

$$9 \overline{)\,6\;6}$$

공부한 날

월

일

나눗셈의 몫과 나머지 73

무엇을 배웠을까요

▲ 빈칸에 알맞은 수를 쓰세요.

❶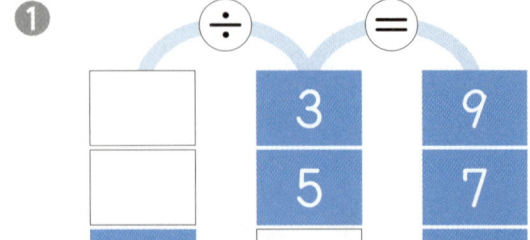

❷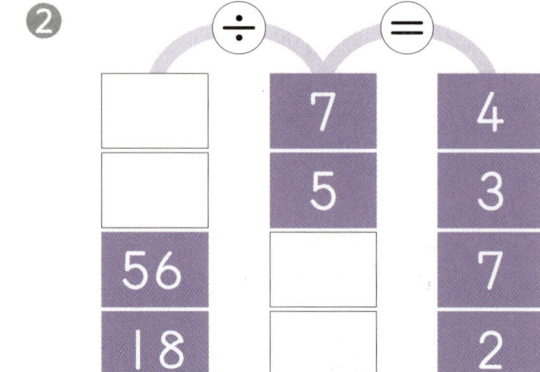

▲ 몫이 같은 것끼리 선으로 이으세요.

❸

20÷5 •   • 64÷8
14÷7 •   • 36÷9
48÷6 •   • 8÷4

❹

49÷7 •   • 9÷3
25÷5 •   • 40÷8
27÷9 •   • 21÷3

▲ 몫이 같은 나눗셈식이에요. ☐ 안에 알맞은 수를 쓰세요.

❺ 36 ÷ 6 = ☐

54 ÷ 9 = ☐

➡ ☐ ÷ 6 = 54 ÷ ☐

❻ 20 ÷ 4 = ☐

35 ÷ 7 = ☐

➡ ☐ ÷ 4 = 35 ÷ ☐

🌲 사탕을 똑같이 나누었어요. 사탕의 수를 세고 묶음과 낱개의 수를 쓰세요.

❼
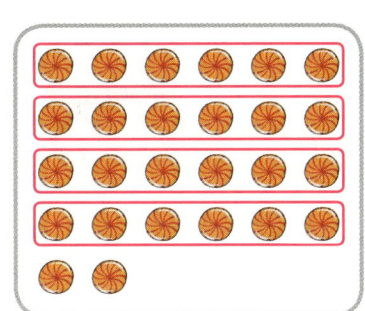

$$\boxed{} \div 6 = \boxed{} \cdots \boxed{}$$

묶음 ↑   낱개 ↑

❽

$$\boxed{} \div 8 = \boxed{} \cdots \boxed{}$$

묶음 ↑   낱개 ↑

🌲 곱셈식을 이용하여 나눗셈의 몫과 나머지를 쓰세요.

❾ $22 \div 4 = \boxed{} \cdots \boxed{}$

$4 \times 4 = 16$
$4 \times 5 = 20$
$4 \times 6 = 24$

❿ $57 \div 9 = \boxed{} \cdots \boxed{}$

$9 \times 5 = 45$
$9 \times 6 = 54$
$9 \times 7 = 63$

🌲 ☐ 안에 알맞은 수를 쓰세요.

⓫
$$3 \,)\!\overline{\,1\ 9\,}$$

⓬
$$5 \,)\!\overline{\,3\ 8\,}$$

연산력 게임

PLAY

QR코드를 찍으면 다양한 연산 게임을 할 수 있어요.

신기한 나눗셈 자판기

자판기에서 어느 버튼을 눌러야 할까요?

물통과 컵에 적힌 수를 보고 자판기에서 알맞은 버튼을 찾아 손가락으로 누르세요.
÷5 버튼을 누르면 정답입니다.

표지판에 쓰여 있는 나눗셈의 몫과 나머지는 얼마일까요?

위쪽에서 알맞은 수를 찾아 손가락으로 끌어서 빈 곳에 넣으세요.
몫에 6을, 나머지에 1을 넣으면 정답입니다.

대굴대굴 도토리

나눗셈의 검산

▶ 연산 보충 학습(107~108쪽)에서 더 풀어 보세요.

학부모 지도 가이드

이번 차시에서는 나눗셈에서 나머지의 조건을 이해하고 나머지가 있는 나눗셈의 검산 방법을 공부합니다. 그림을 보고 묶는 활동을 통해 나머지가 있는 나눗셈식을 검산할 수 있게 하고, 나머지가 있는 나눗셈을 능숙하게 계산할 수 있도록 지도해 주세요.

$$38 \div 4 = 9 \cdots 2$$
$$4 \times 9 + 2 = 38$$

나누는 수   몫   나머지   나눌 수

검산 $8 \times 5 + 1 = 41$

몫과 나머지 구하기

큐리와 태돌이가 나눗셈을 하려고 해요.

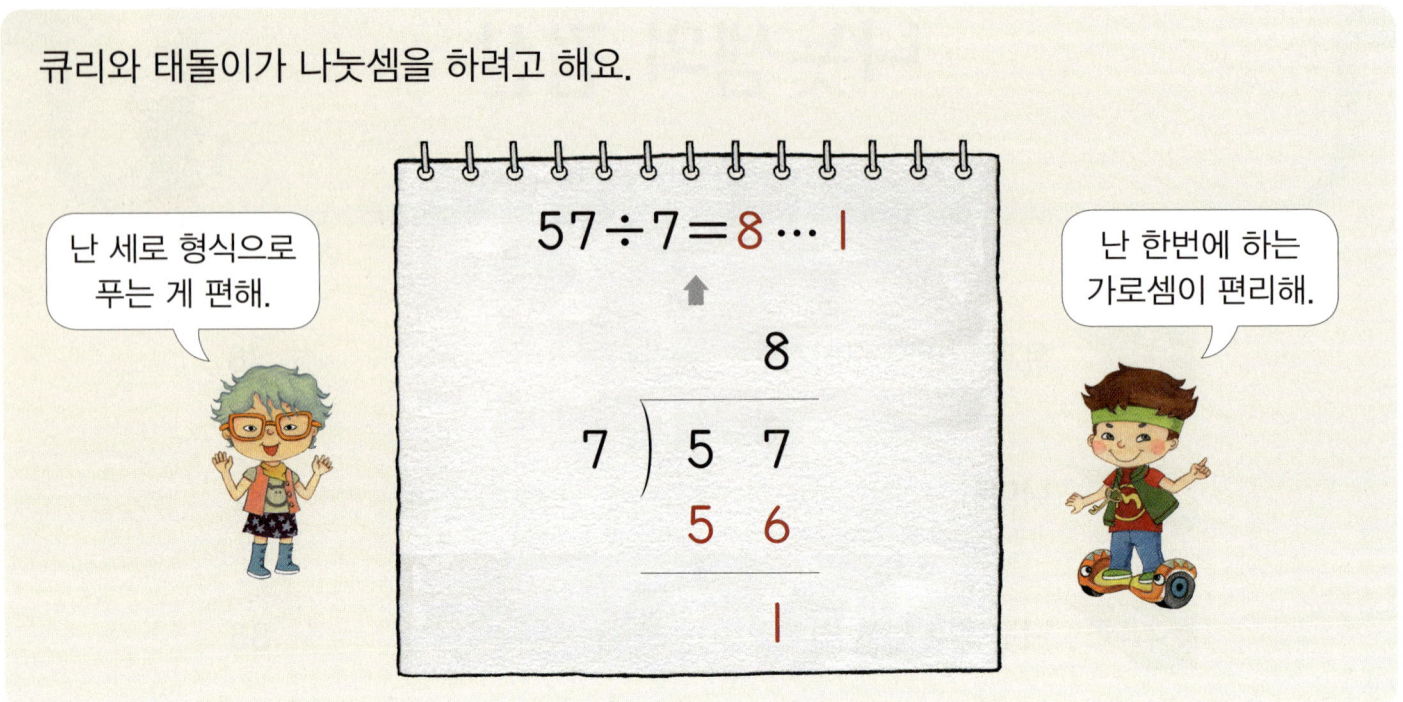

난 세로 형식으로 푸는 게 편해.

난 한번에 하는 가로셈이 편리해.

$$57 \div 7 = 8 \cdots 1$$

🌳 나눗셈을 세로 형식으로 풀고 몫과 나머지를 구하세요.

❶ $33 \div 9 = \boxed{} \cdots \boxed{}$

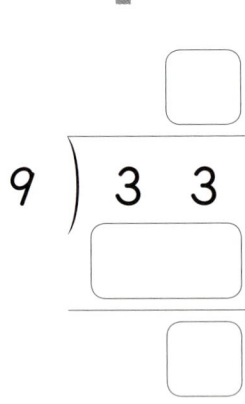

❷ $26 \div 6 = \boxed{} \cdots \boxed{}$

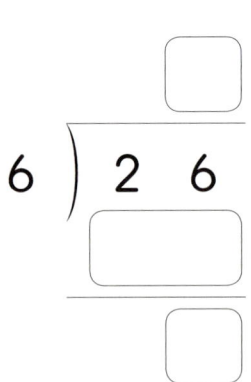

나눗셈을 세로 형식으로 풀고 몫과 나머지를 쓰세요.

$$35 \div 8 = \boxed{4} \cdots \boxed{3}$$

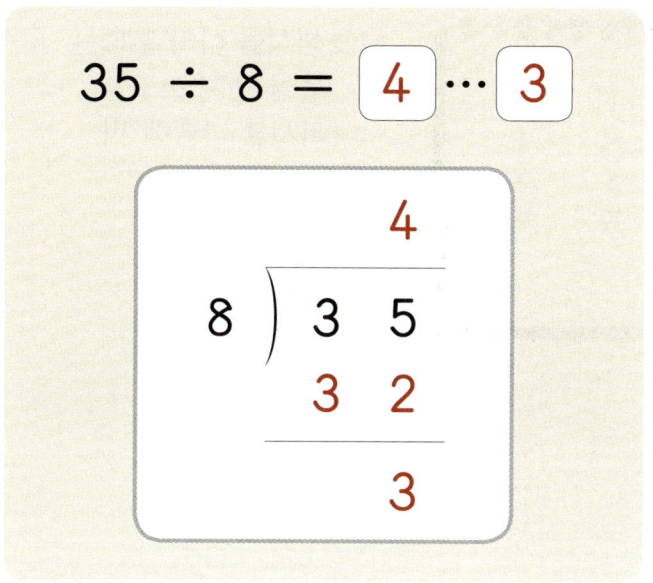

$$\begin{array}{r} 4 \\ 8\overline{)\,3\ 5} \\ 3\ 2 \\ \hline 3 \end{array}$$

8의 단 곱셈구구에서
곱이 35보다
작으면서 35에 가장
가까운 곱을 찾아.
$8 \times 3 = 24$
$8 \times 4 = 32$
$8 \times 5 = 40$

❶ $25 \div 7 = \boxed{} \cdots \boxed{}$

$$7\overline{)\,2\ 5}$$

❷ $59 \div 8 = \boxed{} \cdots \boxed{}$

$$8\overline{)\,5\ 9}$$

빨리 풀고
놀이터에서
놀아야지.

티나와 현우가 나눗셈을 했어요.

57÷7의 몫은 8이고 나머지는 1이야.

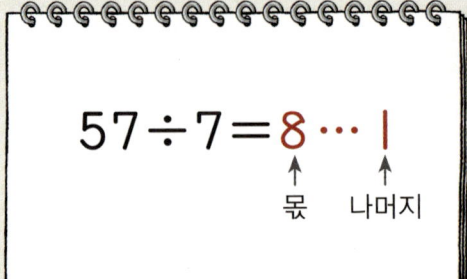

$$57 \div 7 = 8 \cdots 1$$

몫 나머지

나눗셈식을 나타낼 때는 몫을 먼저 쓰고 나머지를 나중에 써.

🌳 나눗셈을 하세요.

❶ 55 ÷ 8

❷ 34 ÷ 6

❸ 29 ÷ 7

❹ 31 ÷ 5

❺ 46 ÷ 9

❻ 33 ÷ 4

❼ 19 ÷ 4

❽ 50 ÷ 8

🌳 나눗셈을 하세요.

```
      4
  7 ) 2 9
      2 8
  ─────────
        1
```

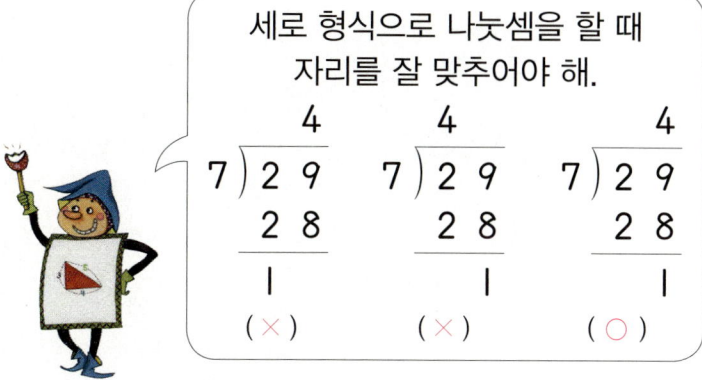

세로 형식으로 나눗셈을 할 때
자리를 잘 맞추어야 해.

```
        4              4            4
  7 ) 2 9        7 ) 2 9      7 ) 2 9
      2 8            2 8          2 8
  ─────────      ─────────    ─────────
    1              1              1
   ( × )          ( × )          ( ○ )
```

❶
```
  5 ) 1 8
```

❷
```
  3 ) 2 3
```

❸
```
  8 ) 5 1
```

❹
```
  9 ) 7 6
```

❺
```
  2 ) 1 5
```

❻
```
  7 ) 4 3
```

나머지

현우가 틀린 나눗셈을 고치려고 해요.

묶음을 하나 더 만들고 나눗셈을 바르게 고쳐 보세요.

❶

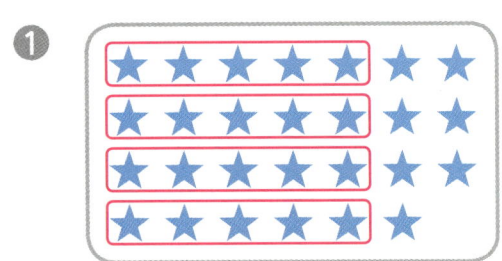

❷

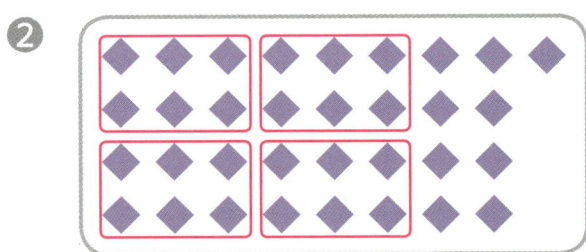

🌳 **나눗셈을 바르게 고쳐 보세요.**

$$
\begin{array}{r}
2 \\
8\,\overline{)\,2\ 5} \\
1\ 6 \\
\hline
9
\end{array}
\quad\Rightarrow\quad
\begin{array}{r}
3 \\
8\,\overline{)\,2\ 5} \\
2\ 4 \\
\hline
1
\end{array}
$$

나누는 수   나머지

나머지는 나누는 수보다 항상 작아야 해.

❶
$$
\begin{array}{r}
3 \\
4\,\overline{)\,1\ 8} \\
1\ 2 \\
\hline
6
\end{array}
\quad\Rightarrow\quad
4\,\overline{)\,1\ 8}
$$

❷
$$
\begin{array}{r}
2 \\
6\,\overline{)\,2\ 1} \\
1\ 2 \\
\hline
9
\end{array}
\quad\Rightarrow\quad
6\,\overline{)\,2\ 1}
$$

❸
$$
\begin{array}{r}
6 \\
5\,\overline{)\,3\ 6} \\
3\ 0 \\
\hline
6
\end{array}
\quad\Rightarrow\quad
5\,\overline{)\,3\ 6}
$$

❹
$$
\begin{array}{r}
7 \\
7\,\overline{)\,5\ 8} \\
4\ 9 \\
\hline
9
\end{array}
\quad\Rightarrow\quad
7\,\overline{)\,5\ 8}
$$

티나는 여러 개의 수를 하나의 수로 나누려고 해요.

20
24 ÷ 7 = [2]···[6]
30
[3]···[3]
[4]···[2]

나누는 수   몫   나머지

나머지는 나누는 수와 같거나 나누는 수보다 클 수 없어.

🌳 왼쪽 수를 하나의 수로 나누어 몫과 나머지를 쓰세요.

❶ 18
22 ÷ 5 = ○···○
29
○···○
○···○

❷ 16
24 ÷ 9 = ○···○
32
○···○
○···○

❸ 17
15 ÷ 8 = ○···○
20
○···○
○···○

❹ 23
22 ÷ 6 = ○···○
21
○···○
○···○

🌳 나눗셈의 몫과 나머지를 찾아 선으로 이으세요.

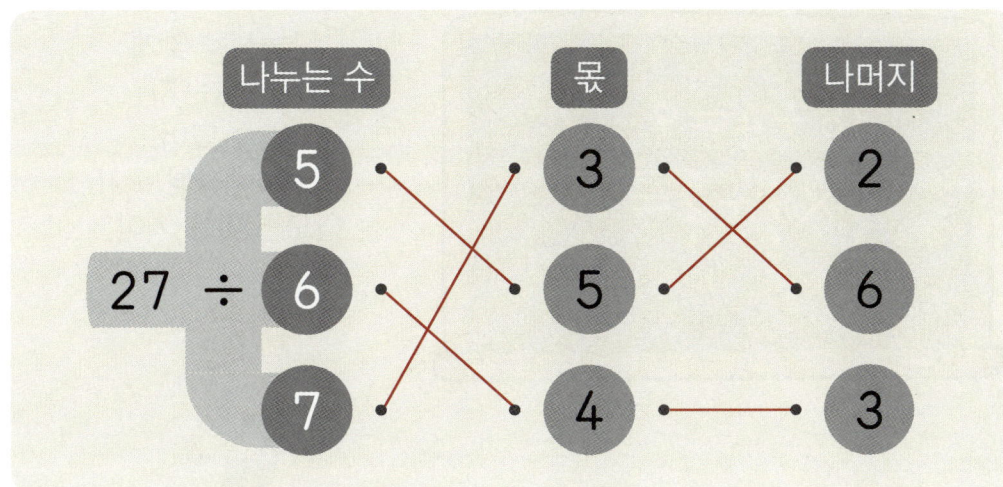

나누는 수가 크면 몫이 작아지네.

①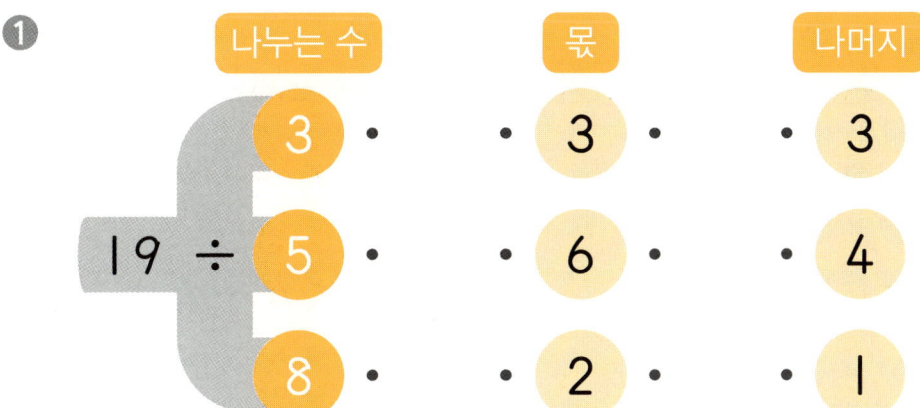

②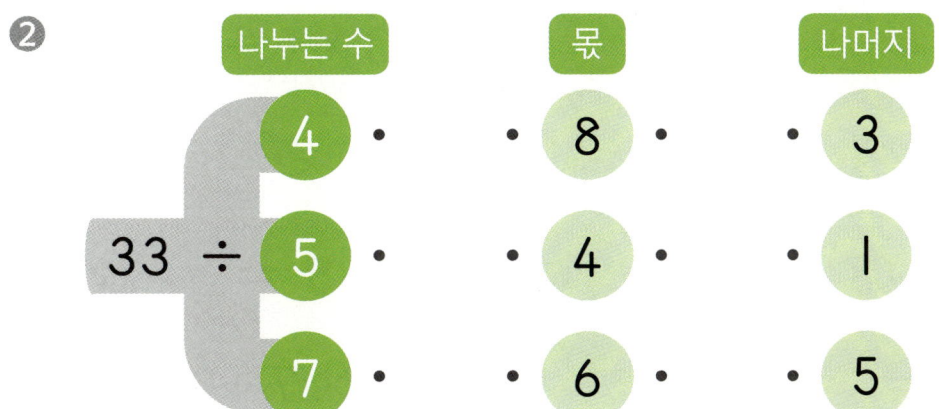

현우는 딴소리 요괴가 나눗셈을 잘했는지 알아보고 있어요.

나눗셈을 하긴 했는데 맞는지는 알 수가 없어.

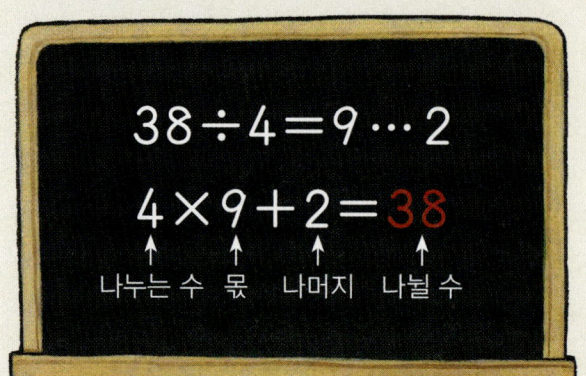

$$38 \div 4 = 9 \cdots 2$$
$$4 \times 9 + 2 = 38$$

나누는 수   몫   나머지   나뉠 수

나눗셈을 맞게 계산했는지 알 수 있어. 검산해서 나뉠 수가 나오면 맞는 거야.

🌳 나눗셈을 잘했는지 알아보는 방법이에요. ☐ 안에 알맞은 수를 쓰세요.

❶ $45 \div 7 = 6 \cdots 3$

검산 $7 \times 6 + 3 = $ ☐

❷ $28 \div 6 = 4 \cdots 4$

검산 $6 \times 4 + 4 = $ ☐

❸ $13 \div 4 = 3 \cdots 1$

검산 $4 \times 3 + 1 = $ ☐

❹ $20 \div 3 = 6 \cdots 2$

검산 $3 \times 6 + 2 = $ ☐

❺ $26 \div 9 = 2 \cdots 8$

검산 $9 \times 2 + 8 = $ ☐

❻ $36 \div 5 = 7 \cdots 1$

검산 $5 \times 7 + 1 = $ ☐

● 나눗셈을 검산하려고 해요. ☐ 안에 알맞은 수를 쓰세요.

$$29 \div 6 = 4 \cdots 5$$

검산 $6 \times 4 + 5$

$$= \boxed{24} + 5$$

$$= \boxed{29}$$

나눗셈을 잘했는지 알아보는 과정을 검산이라고 해.

❶ $22 \div 3 = 7 \cdots 1$

검산 $3 \times 7 + 1$

$$= \boxed{} + 1$$

$$= \boxed{}$$

❷ $55 \div 8 = 6 \cdots 7$

검산 $8 \times 6 + 7$

$$= \boxed{} + 7$$

$$= \boxed{}$$

❸ $61 \div 7 = 8 \cdots 5$

검산 $7 \times 8 + 5$

$$= \boxed{} + 5$$

$$= \boxed{}$$

❹ $34 \div 8 = 4 \cdots 2$

검산 $8 \times 4 + 2$

$$= \boxed{} + 2$$

$$= \boxed{}$$

티나와 태돌이가 축구공을 3개씩 묶어 보았어요.

$17 \div 3 = \boxed{5} \cdots \boxed{2}$ ← 17은 3씩 $\boxed{5}$ 묶음과 낱개 $\boxed{2}$

$3 \times \boxed{5} + \boxed{2} = 17$ ← 3씩 $\boxed{5}$ 묶음과 낱개 $\boxed{2}$ 는 17

 축구공은 3개씩 5묶음과 낱개 2개네.

 검산을 해서 축구공의 수가 나오면 나눗셈을 잘한 거야.

🌳 그림을 보고 ☐ 안에 알맞은 수를 쓰세요.

❶

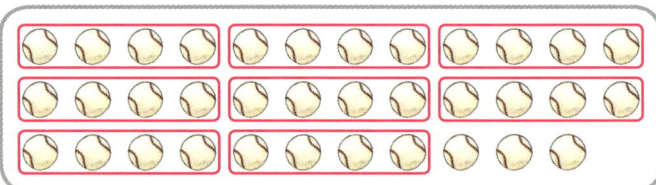

$35 \div 4 = \boxed{} \cdots \boxed{}$ ← 35는 4씩 $\boxed{}$ 묶음과 낱개 $\boxed{}$

$4 \times \boxed{} + \boxed{} = 35$ ← 4씩 $\boxed{}$ 묶음과 낱개 $\boxed{}$ 은 35

그림을 보고 ☐ 안에 알맞은 수를 쓰세요.

검산은
왜 하는 거지?

검산을 하면
계산을 정확히 했는지
알 수 있어.

$$21 \div \boxed{4} = 5 \cdots 1$$

$$4 \times \boxed{5} + \boxed{1} = 21$$

❶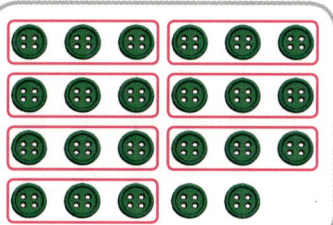

$$23 \div \boxed{} = 7 \cdots 2$$

$$3 \times \boxed{} + \boxed{} = 23$$

❷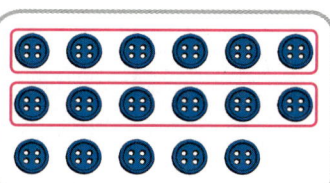

$$17 \div \boxed{} = 2 \cdots 5$$

$$6 \times \boxed{} + \boxed{} = 17$$

❸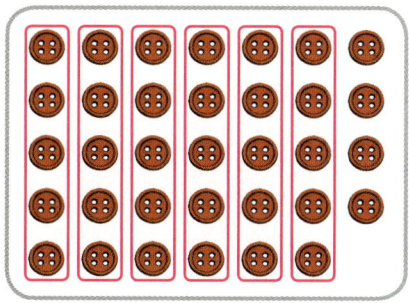

$$34 \div \boxed{} = 6 \cdots 4$$

$$5 \times \boxed{} + \boxed{} = 34$$

나눗셈의 검산 (2)

장난 요괴가 한 나눗셈을 보고 태돌이가 검산을 해요.

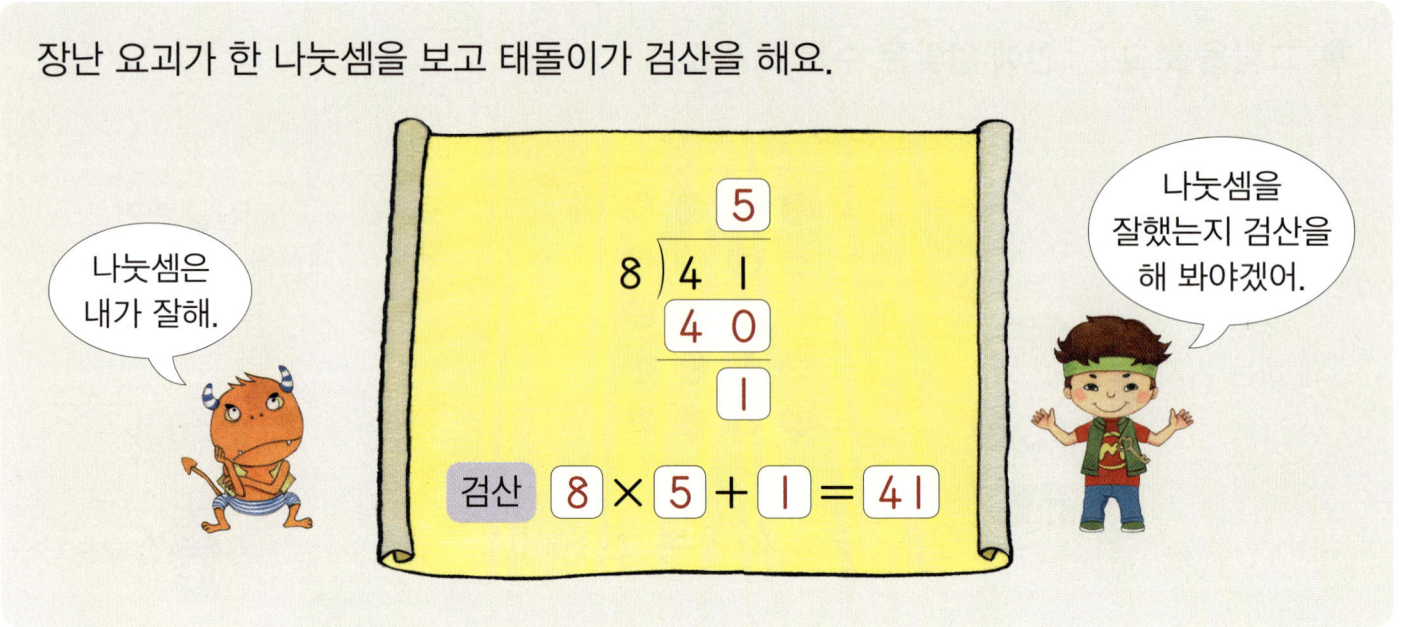

나눗셈은
내가 잘해.

나눗셈을
잘했는지 검산을
해 봐야겠어.

🌳 나눗셈을 하고 검산하세요.

❶
```
      □
  8 ) 6 2
      □□
      ─
      □
```

검산

□ × □ + □ = □

❷
```
      □
  7 ) 5 9
      □□
      ─
      □
```

검산

□ × □ + □ = □

🌲 나눗셈을 하고 검산하세요.

$$35 \div 6 = \boxed{5} \cdots \boxed{5}$$

검산

$$\boxed{6} \times \boxed{5} + \boxed{5} = \boxed{35}$$

↑나누는 수 ↑몫 ↑나머지 ↑나눌 수

검산 과정은
나누는 수와 몫의 곱에
나머지를 더해서
나눌 수가 나오는지
확인하면 돼.

axiom

❶ $47 \div 8 = \boxed{} \cdots \boxed{}$

검산

$\boxed{} \times \boxed{} + \boxed{} = \boxed{}$

❷ $39 \div 6 = \boxed{} \cdots \boxed{}$

검산

$\boxed{} \times \boxed{} + \boxed{} = \boxed{}$

❸ $28 \div 9 = \boxed{} \cdots \boxed{}$

검산

$\boxed{} \times \boxed{} + \boxed{} = \boxed{}$

❹ $18 \div 4 = \boxed{} \cdots \boxed{}$

검산

$\boxed{} \times \boxed{} + \boxed{} = \boxed{}$

울보 요괴가 나눗셈을 한 다음 검산을 했어요.

잘못된 계산

$$7 \overline{)\ 3\ 1}$$
몫 4, 28, 나머지 2

검산 $7 \times 4 + 2 = 30$

검산을 했는데 맞지 않아. 어떻게 하면 되지. 엉엉~

→

바른 계산

$$7 \overline{)\ 3\ 1}$$
몫 4, 28, 나머지 3

검산 $7 \times 4 + 3 = 31$

다시 풀면 되지.

🌳 나눗셈을 하고 검산을 하세요.

❶

검산 _____

❷

검산 _____

🌳 나눗셈을 하고 검산을 하세요.

$$30 \div 4 = 7 \cdots 2$$

검산 $4 \times 7 + 2 = 30$

나눗셈을 하고 나면 검산을 해서 확인해 봐.

❶ $17 \div 2$

검산

❷ $38 \div 8$

검산

❸ $66 \div 7$

검산

❹ $19 \div 6$

검산

❺ $26 \div 3$

검산

❻ $44 \div 5$

검산

❼ $38 \div 6$

검산

❽ $74 \div 8$

검산

검산식의 활용

거꾸로 요괴와 딴소리 요괴가 자기가 한 나눗셈이 맞다고 해요.

나머지 9가
나누는 수 7보다 커.
검산할 필요도 없이
틀린 거야.

검산을 하면
$7 \times 8 + 2 = 58$이야.
검산 결과가 나뉠 수 58과
같아서 계산이 맞았어.

🌳 바르게 계산한 것에 ○표, 틀리면 ✕표 하세요.

❶

```
      8
  ┌───────
4 │ 3  0
    3  2
  ───────
       2
```
(   )

❷

```
      6
  ┌───────
4 │ 3  0
    2  4
  ───────
       6
```
(   )

❸

```
      7
  ┌───────
4 │ 3  0
    2  8
  ───────
       2
```
(   )

나눗셈이 맞으면 ( ) 안에 ○표, 틀리면 ✕표 하세요.

$$17 \div 5 = 3 \cdots 2 \quad (\; ○ \;)$$
$$17 \div 5 = 2 \cdots 3 \quad (\; ✕ \;)$$

이제 검산은 자신 있어.
$5 \times 3 + 2 = 17$ (○)
$5 \times 2 + 3 = 13$ (✕)

❶
$$26 \div 7 = 4 \cdots 2 \quad (\qquad)$$
$$26 \div 7 = 3 \cdots 5 \quad (\qquad)$$

❷
$$41 \div 8 = 4 \cdots 8 \quad (\qquad)$$
$$41 \div 8 = 5 \cdots 1 \quad (\qquad)$$

❸
$$34 \div 5 = 6 \cdots 3 \quad (\qquad)$$
$$34 \div 5 = 6 \cdots 4 \quad (\qquad)$$

❹
$$57 \div 8 = 6 \cdots 9 \quad (\qquad)$$
$$57 \div 8 = 7 \cdots 1 \quad (\qquad)$$

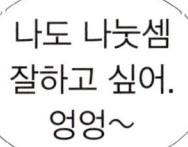

나도 나눗셈
잘하고 싶어.
엉엉~

❺
$$21 \div 4 = 5 \cdots 1 \quad (\qquad)$$
$$21 \div 4 = 6 \cdots 3 \quad (\qquad)$$

티나가 나눗셈을 하고 다음 잠시 나갔다 들어 왔더니 나뉠 수가 지워져 있었어요.

나뉠 수가 지워졌어. 어떡하지?

$$\blacksquare \div 5$$

몫: 6, 나머지: 2

$$\blacksquare = 5 \times 6 + 2$$

↑ 나누는 수   ↑ 몫   ↑ 나머지

걱정마. 검산식을 이용하여 구하면 는 32야.

🌳 지워진 수를 구하려고 해요. ☐ 안에 알맞은 수를 쓰세요.

① ▨ ÷ 7

몫: 4, 나머지: 5

▨ = 7 × ☐ + ☐

= ☐

② ▨ ÷ 8

몫: 6, 나머지: 2

▨ = 8 × ☐ + ☐

= ☐

③ ▨ ÷ 4

몫: 9, 나머지: 3

▨ = 4 × ☐ + ☐

= ☐

● 검산식을 이용하여 ☐ 안에 알맞은 수를 쓰세요.

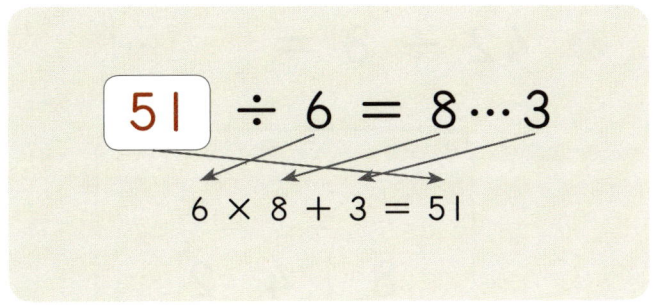

$$51 \div 6 = 8 \cdots 3$$

$$6 \times 8 + 3 = 51$$

검산식을 이용하면 ☐ 안의 수를 쉽게 구할 수 있어.

❶ ☐ $\div\ 5 = 8 \cdots 3$

5×8+3

❷ ☐ $\div\ 9 = 2 \cdots 7$

9×2+7

❸ ☐ $\div\ 7 = 3 \cdots 6$

❹ ☐ $\div\ 8 = 8 \cdots 5$

❺ ☐ $\div\ 4 = 7 \cdots 1$

❻ ☐ $\div\ 3 = 6 \cdots 2$

❼ ☐ $\div\ 6 = 5 \cdots 5$

❽ ☐ $\div\ 9 = 8 \cdots 7$

무엇을 배웠을까요

▲ 나눗셈을 세로 형식으로 풀고 몫과 나머지를 쓰세요.

❶ $24 \div 5 = \square \cdots \square$

$5 \overline{) 2\ 4}$

❷ $42 \div 8 = \square \cdots \square$

$8 \overline{) 4\ 2}$

▲ 나눗셈을 바르게 고쳐 보세요.

❸
$$\begin{array}{r} 5 \\ 3 \overline{) 2\ 0} \\ 1\ 5 \\ \hline 5 \end{array} \Rightarrow 3 \overline{) 2\ 0}$$

❹
$$\begin{array}{r} 4 \\ 7 \overline{) 3\ 6} \\ 2\ 8 \\ \hline 8 \end{array} \Rightarrow 7 \overline{) 3\ 6}$$

▲ 왼쪽 수를 하나의 수로 나누어 몫과 나머지를 쓰세요.

❺
$11 \div 4 = \bigcirc \cdots \bigcirc$
$26 \div 4 = \bigcirc \cdots \bigcirc$
$33 \div 4 = \bigcirc \cdots \bigcirc$

❻
$19 \div 9 = \bigcirc \cdots \bigcirc$
$35 \div 9 = \bigcirc \cdots \bigcirc$
$41 \div 9 = \bigcirc \cdots \bigcirc$

🌲 그림을 보고 ☐ 안에 알맞은 수를 쓰세요.

❼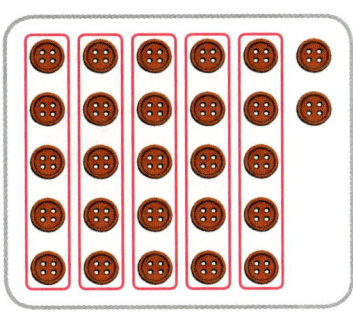

$$27 \div \boxed{} = 5 \cdots 2$$

$$5 \times \boxed{} + \boxed{} = 27$$

❽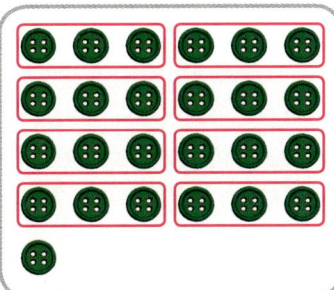

$$25 \div \boxed{} = 8 \cdots 1$$

$$3 \times \boxed{} + \boxed{} = 25$$

공부한 날

월

일

🌲 나눗셈을 하고 검산을 하세요.

❾

$$6 \overline{)\, 4 \ 6}$$

❿

$$9 \overline{)\, 5 \ 8}$$

검산 _____

검산 _____

🌲 검산식을 이용하여 ☐ 안에 알맞은 수를 쓰세요.

⓫ $\boxed{} \div 7 = 6 \cdots 3$

⓬ $\boxed{} \div 4 = 7 \cdots 2$

연산력 게임

로봇 길들이기

로봇 몸통에 적혀 있는 나눗셈의 몫과 나머지는 얼마일까요?

오른쪽에서 알맞은 수를 찾아 손가락으로 끌어서 빈 곳에 넣으세요.

위에 9를, 아래에 5를 넣으면 정답입니다.

구름에 쓰여 있는 나눗셈의 몫과 나머지는 얼마일까요?

오른쪽에서 알맞은 수를 찾아 손가락으로 끌어서 빈 곳에 넣으세요.

몫에 8을, 나머지에 3을 넣으면 정답입니다.

꽃을 찾는 나비

연산 보충 학습

❖ 곱셈식을 보고 나눗셈식을 만들어 보세요.

① $7 \times 4 = 28$

$\boxed{} \div \boxed{} = \boxed{}$

$\boxed{} \div \boxed{} = \boxed{}$

② $5 \times 8 = 40$

$\boxed{} \div \boxed{} = \boxed{}$

$\boxed{} \div \boxed{} = \boxed{}$

③ $4 \times 9 = 36$

$\boxed{} \div \boxed{} = \boxed{}$

$\boxed{} \div \boxed{} = \boxed{}$

④ $6 \times 7 = 42$

$\boxed{} \div \boxed{} = \boxed{}$

$\boxed{} \div \boxed{} = \boxed{}$

⑤ $8 \times 3 = 24$

$\boxed{} \div \boxed{} = \boxed{}$

$\boxed{} \div \boxed{} = \boxed{}$

⑥ $9 \times 6 = 54$

$\boxed{} \div \boxed{} = \boxed{}$

$\boxed{} \div \boxed{} = \boxed{}$

나눗셈구구

관련 쪽수: 30~51쪽

❖ 나눗셈을 하세요.

① $15 \div 3 = \boxed{}$

② $28 \div 4 = \boxed{}$

③ $21 \div 7 = \boxed{}$

④ $40 \div 5 = \boxed{}$

⑤ $36 \div 6 = \boxed{}$

⑥ $72 \div 8 = \boxed{}$

❖ 나눗셈의 몫을 구하세요.

⑦
$10 \div 2 = \boxed{}$
$14 \div 2 = \boxed{}$
$8 \div 2 = \boxed{}$

⑧
$48 \div 8 = \boxed{}$
$32 \div 8 = \boxed{}$
$24 \div 8 = \boxed{}$

⑨
$12 \div 6 = \boxed{}$
$42 \div 6 = \boxed{}$
$54 \div 6 = \boxed{}$

⑩
$18 \div 9 = \boxed{}$
$45 \div 9 = \boxed{}$
$81 \div 9 = \boxed{}$

❖ 나눗셈의 몫을 구하세요.

⑪
$$8 \overline{)\, 1 \; 6}$$

⑫
$$4 \overline{)\, 2 \; 0}$$

⑬
$$9 \overline{)\, 2 \; 7}$$

⑭
$$8 \overline{)\, 6 \; 4}$$

⑮
$$4 \overline{)\, 3 \; 6}$$

⑯
$$7 \overline{)\, 4 \; 9}$$

⑰
$$8 \overline{)\, 4 \; 0}$$

⑱
$$3 \overline{)\, 2 \; 4}$$

⑲
$$9 \overline{)\, 6 \; 3}$$

⑳
$$5 \overline{)\, 3 \; 0}$$

㉑
$$4 \overline{)\, 3 \; 2}$$

㉒
$$6 \overline{)\, 1 \; 8}$$

나눗셈의 몫과 나머지

관련 쪽수: 54~75쪽

❖ ☐ 안에 알맞은 수를 쓰세요.

❶ $30 \div \boxed{} = 5$

❷ $\boxed{} \div 2 = 7$

❸ $72 \div \boxed{} = 9$

❹ $\boxed{} \div 4 = 8$

❺ $42 \div \boxed{} = 6$

❻ $\boxed{} \div 9 = 5$

❼ $24 \div \boxed{} = 8$

❽ $\boxed{} \div 7 = 4$

❖ 나눗셈의 몫이 같도록 ☐ 안에 알맞은 수를 쓰세요.

❾ $54 \div \boxed{} = 12 \div 2$

❿ $\boxed{} \div 5 = 20 \div 4$

⑪ $27 \div 3 = \boxed{} \div 7$

⑫ $48 \div 8 = 18 \div \boxed{}$

⑬ $49 \div \boxed{} = 35 \div 5$

⑭ $\boxed{} \div 9 = 8 \div 2$

❖ □ 안에 알맞은 수를 쓰세요.

⑮

$$5 \overline{)\,2\ 8\,}$$

⑯

$$7 \overline{)\,4\ 4\,}$$

⑰

$$8 \overline{)\,3\ 1\,}$$

⑱

$$6 \overline{)\,5\ 3\,}$$

⑲

$$9 \overline{)\,6\ 7\,}$$

⑳

$$4 \overline{)\,3\ 5\,}$$

㉑

$$8 \overline{)\,4\ 2\,}$$

㉒

$$6 \overline{)\,3\ 9\,}$$

㉓

$$7 \overline{)\,5\ 5\,}$$

나눗셈의 검산

관련 쪽수: 78~99쪽

✣ 나눗셈을 하고 검산을 하세요.

❶ $18 \div 4$

검산

❷ $41 \div 6$

검산

❸ $16 \div 3$

검산

❹ $54 \div 8$

검산

❺ $65 \div 9$

검산

❻ $39 \div 7$

검산

❼ $43 \div 5$

검산

❽ $36 \div 8$

검산

❾ $50 \div 7$

검산

❿ $77 \div 9$

검산

❖ 검산식을 이용하여 □ 안에 알맞은 수를 쓰세요.

⑪ $\boxed{} \div 2 = 7 \cdots 1$ ⑫ $\boxed{} \div 5 = 6 \cdots 3$

⑬ $\boxed{} \div 4 = 6 \cdots 3$ ⑭ $\boxed{} \div 3 = 7 \cdots 2$

⑮ $\boxed{} \div 6 = 5 \cdots 5$ ⑯ $\boxed{} \div 8 = 6 \cdots 3$

⑰ $\boxed{} \div 7 = 8 \cdots 3$ ⑱ $\boxed{} \div 9 = 4 \cdots 6$

⑲ $\boxed{} \div 5 = 3 \cdots 4$ ⑳ $\boxed{} \div 4 = 7 \cdots 2$

㉑ $\boxed{} \div 3 = 8 \cdots 1$ ㉒ $\boxed{} \div 6 = 7 \cdots 5$

㉓ $\boxed{} \div 9 = 6 \cdots 2$ ㉔ $\boxed{} \div 7 = 8 \cdots 6$

461 똑같이 나누기

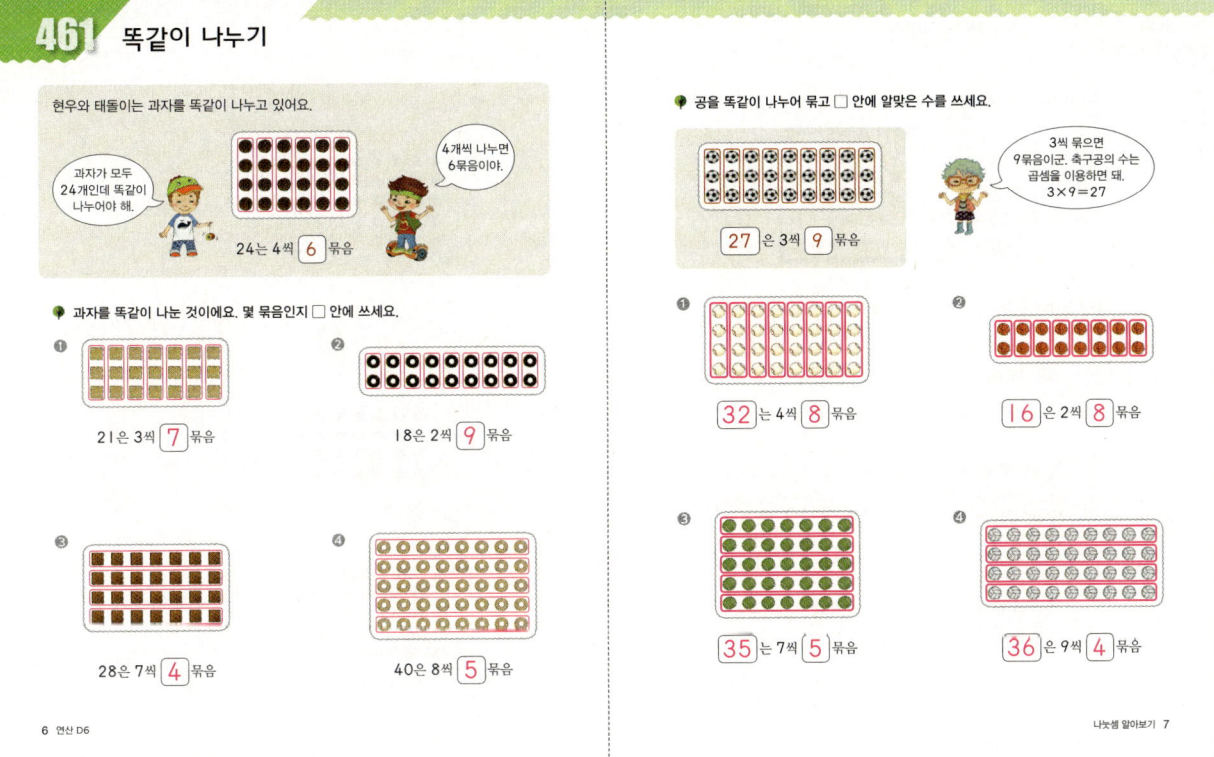

현우와 태돌이는 과자를 똑같이 나누고 있어요.

과자가 모두 24개인데 똑같이 나누어야 해.

4개씩 나누면 6묶음이야.

24는 4씩 [6] 묶음

● 과자를 똑같이 나눈 것이에요. 몇 묶음인지 □ 안에 쓰세요.

❶ 21은 3씩 [7] 묶음

❷ 18은 2씩 [9] 묶음

❸ 28은 7씩 [4] 묶음

❹ 40은 8씩 [5] 묶음

● 공을 똑같이 나누어 묶고 □ 안에 알맞은 수를 쓰세요.

3씩 묶으면 9묶음이군. 축구공의 수는 곱셈을 이용하면 돼. 3×9=27

27 은 3씩 [9] 묶음

❶ 32는 4씩 [8] 묶음

❷ 16은 2씩 [8] 묶음

❸ 35는 7씩 [5] 묶음

❹ 36은 9씩 [4] 묶음

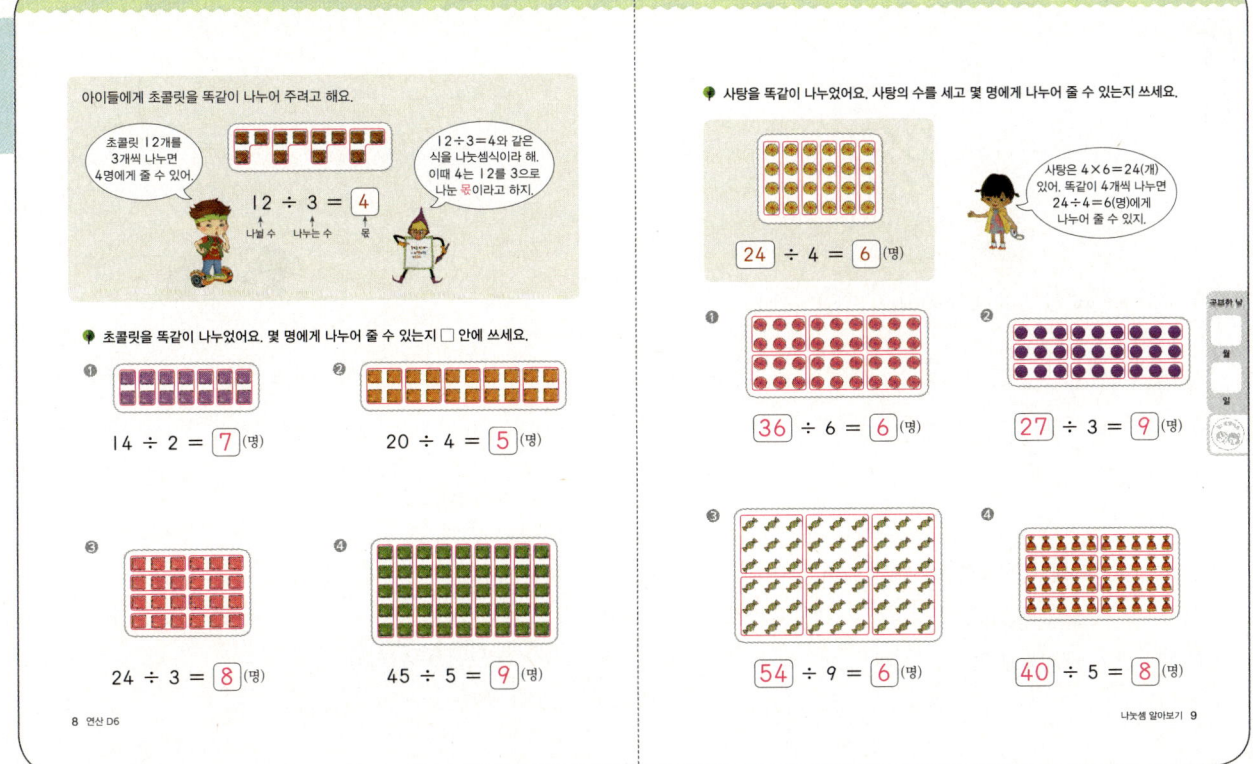

아이들에게 초콜릿을 똑같이 나누어 주려고 해.

초콜릿 12개를 3개씩 나누면 4명에게 줄 수 있어.

12÷3=4와 같은 식을 나눗셈식이라 해. 이때 4는 12를 3으로 나눈 몫이라고 하지.

$12 \div 3 = 4$

나눌 수　나누는 수　몫

● 초콜릿을 똑같이 나누었어요. 몇 명에게 나누어 줄 수 있는지 □ 안에 쓰세요.

❶ $14 \div 2 = 7$ (명)

❷ $20 \div 4 = 5$ (명)

❸ $24 \div 3 = 8$ (명)

❹ $45 \div 5 = 9$ (명)

● 사탕을 똑같이 나누었어요. 사탕의 수를 세고 몇 명에게 나누어 줄 수 있는지 쓰세요.

사탕은 4×6=24(개) 있어. 똑같이 4개씩 나누면 24÷4=6(명)에게 나누어 줄 수 있지.

$24 \div 4 = 6$ (명)

❶ $36 \div 6 = 6$ (명)

❷ $27 \div 3 = 9$ (명)

❸ $54 \div 9 = 6$ (명)

❹ $40 \div 5 = 8$ (명)

공부한 날

월

일

462 나눗셈식 읽기

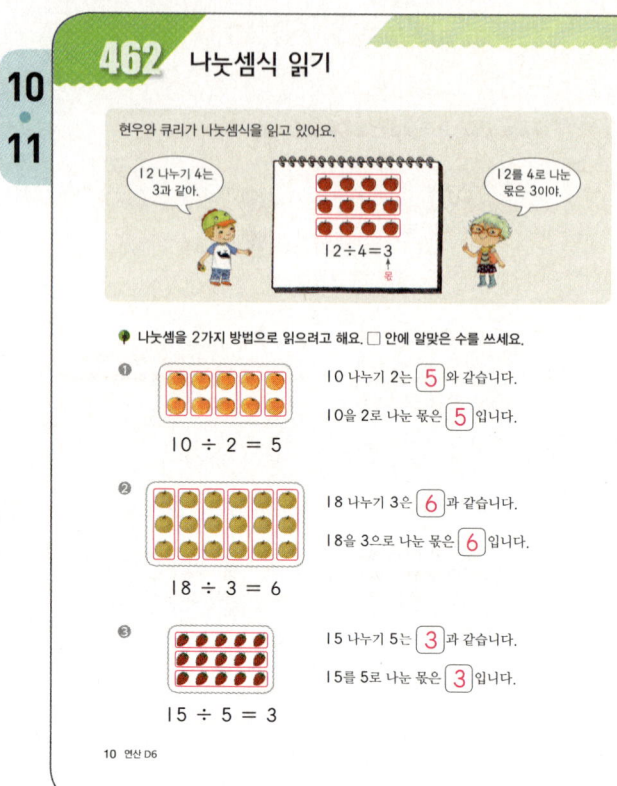

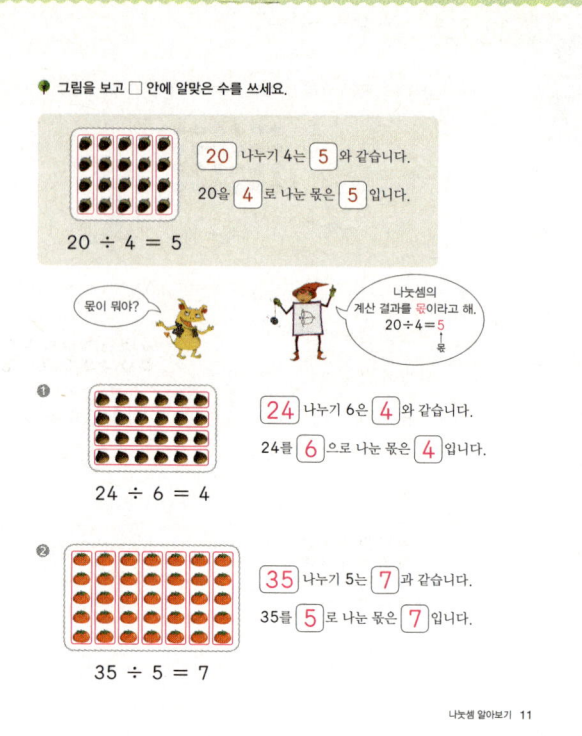

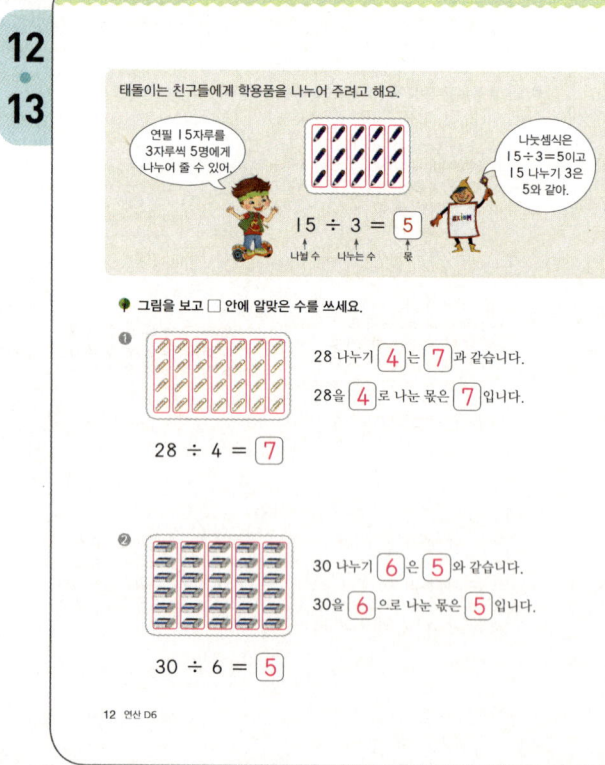

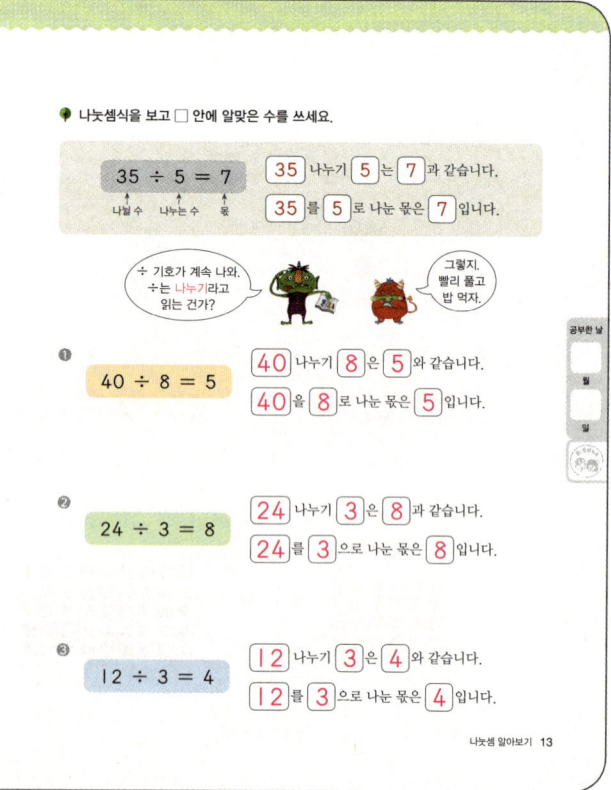

463 여러 가지 방법으로 나누기

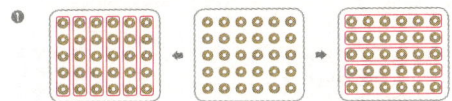

거꾸로 요괴와 한입 요괴가 도넛을 2가지 방법으로 나누었어요.

14 ÷ 2 = 7   14 ÷ 7 = 2

세로로 2개씩 묶어
7묶음을 만들었어.
하루에 1묶음씩 7일 동안
먹을 수 있어.

가로로 7개씩 묶어
2묶음을 만들었어.
하루에 1묶음씩 먹으면
2일이면 먹겠네.

🍀 세로와 가로로 각각 한 줄씩 묶었어요. □ 안에 알맞은 수를 쓰세요.

❶
30 ÷ 5 = 6   30 ÷ 6 = 5

❷
20 ÷ 4 = 5   20 ÷ 5 = 4

14 연산 D6

🍀 세로와 가로로 각각 한 줄씩 묶고 나눗셈식으로 나타내세요.

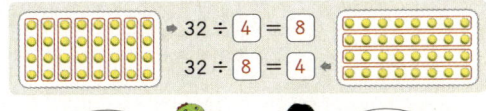

32 ÷ 4 = 8
32 ÷ 8 = 4

 세로로 한 줄씩
묶으면 4개씩
8묶음이 돼.

 가로로 한 줄씩
묶으면 8개씩
4묶음이 돼.

❶
21 ÷ 3 = 7
21 ÷ 7 = 3

❷
35 ÷ 5 = 7
35 ÷ 7 = 5

❸
28 ÷ 4 = 7
28 ÷ 7 = 4

나눗셈 알아보기 15

꼬마 요괴들이 사탕을 여러 가지 방법으로 나누었어요.

2개씩 묶으면 6묶음
12 ÷ 2 = 6

4개씩 묶으면 3묶음
12 ÷ 4 = 3

3개씩 묶으면 4묶음
12 ÷ 3 = 4

6개씩 묶으면 2묶음
12 ÷ 6 = 2

🍀 여러 가지 방법으로 똑같이 나누었어요. □ 안에 알맞은 수를 쓰세요.

❶
18 ÷ 2 = 9   18 ÷ 3 = 6

18 ÷ 9 = 2   18 ÷ 6 = 3

16 연산 D6

🍀 여러 가지 방법으로 똑같이 나누어 묶고 나눗셈식으로 나타내세요.

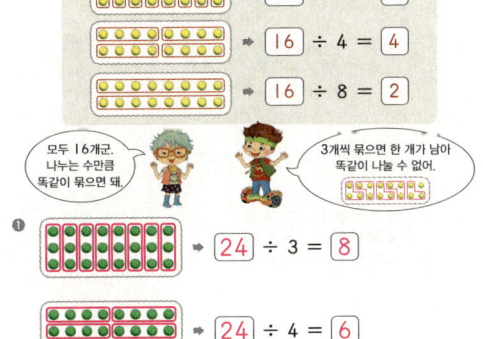

16 ÷ 2 = 8
16 ÷ 4 = 4
16 ÷ 8 = 2

모두 16개군.
나누는 수만큼
똑같이 묶으면 돼.

3개씩 묶으면 한 개가 남아
똑같이 나눌 수 없어.

❶
24 ÷ 3 = 8

24 ÷ 4 = 6

24 ÷ 6 = 4

24 ÷ 8 = 3

나눗셈 알아보기 17

공부한 날

월

일

정답 3

18·19

464 곱셈식과 나눗셈식 만들기

그림을 보고 큐리는 곱셈식, 태돌이는 나눗셈식을 만들었어요.

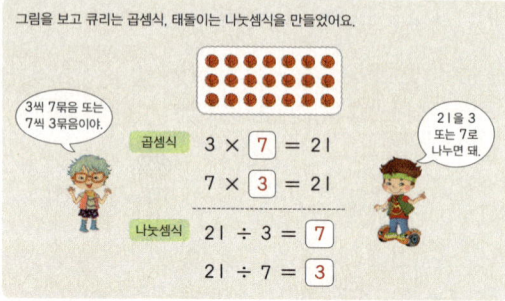

3씩 7묶음 또는
7씩 3묶음이야.

21을 3
또는 7로
나누면 돼.

곱셈식 $3 \times \boxed{7} = 21$
$7 \times \boxed{3} = 21$

나눗셈식 $21 \div 3 = \boxed{7}$
$21 \div 7 = \boxed{3}$

🍀 곱셈식과 나눗셈식을 만든 것이에요. □ 안에 알맞은 수를 쓰세요.

①
$4 \times \boxed{5} = 20$
$5 \times \boxed{4} = 20$
$20 \div 4 = \boxed{5}$
$20 \div 5 = \boxed{4}$

②
$4 \times \boxed{7} = 28$
$7 \times \boxed{4} = 28$
$28 \div 4 = \boxed{7}$
$28 \div 7 = \boxed{4}$

🍀 그림을 보고 곱셈식과 나눗셈식을 만들어 보세요.

2씩 7묶음 또는
7씩 2묶음이야.

14를 2 또는
7로 나누어 봐.

$2 \times \boxed{7} = \boxed{14}$
$7 \times \boxed{2} = \boxed{14}$
$\boxed{14} \div 2 = \boxed{7}$
$\boxed{14} \div 7 = \boxed{2}$

①
$2 \times \boxed{5} = \boxed{10}$
$5 \times \boxed{2} = \boxed{10}$
$\boxed{10} \div 2 = \boxed{5}$
$\boxed{10} \div 5 = \boxed{2}$

②
$3 \times \boxed{4} = \boxed{12}$
$4 \times \boxed{3} = \boxed{12}$
$\boxed{12} \div 3 = \boxed{4}$
$\boxed{12} \div 4 = \boxed{3}$

20·21

요정들이 우표를 보고 곱셈식과 나눗셈식을 만들었어요.

세로로 한 줄씩 묶으면
$4 \times 8 = 32$
$32 \div 4 = 8$

가로로 한 줄씩 묶으면
$8 \times 4 = 32$
$32 \div 8 = 4$

🍀 그림을 보고 곱셈식과 나눗셈식을 만들어 보세요.

①
$\boxed{3} \times \boxed{9} = \boxed{27}$
$\boxed{9} \times \boxed{3} = \boxed{27}$
$\boxed{27} \div \boxed{3} = \boxed{9}$
$\boxed{27} \div \boxed{9} = \boxed{3}$

②
$\boxed{6} \times \boxed{7} = \boxed{42}$
$\boxed{7} \times \boxed{6} = \boxed{42}$
$\boxed{42} \div \boxed{6} = \boxed{7}$
$\boxed{42} \div \boxed{7} = \boxed{6}$

🍀 지붕의 수를 이용하여 곱셈식과 나눗셈식을 만들어 보세요.

세 수로
2개의 곱셈식과
2개의 나눗셈식을
만들 수 있어.

세 수가
한 지붕
가족 같군.

15 3 ×÷ 5
$3 \times 5 = 15$
$5 \times 3 = 15$
$15 \div 3 = 5$
$15 \div 5 = 3$

①
32 4 ×÷ 8
$\boxed{4} \times \boxed{8} = \boxed{32}$
$\boxed{8} \times \boxed{4} = \boxed{32}$
$\boxed{32} \div \boxed{4} = \boxed{8}$
$\boxed{32} \div \boxed{8} = \boxed{4}$

②
18 3 ×÷ 6
$\boxed{3} \times \boxed{6} = \boxed{18}$
$\boxed{6} \times \boxed{3} = \boxed{18}$
$\boxed{18} \div \boxed{3} = \boxed{6}$
$\boxed{18} \div \boxed{6} = \boxed{3}$

공부한 날
월
일

465 곱셈과 나눗셈의 관계

태돌이와 현우는 모양의 수를 구하는 곱셈식으로 나눗셈식을 만들었어요.

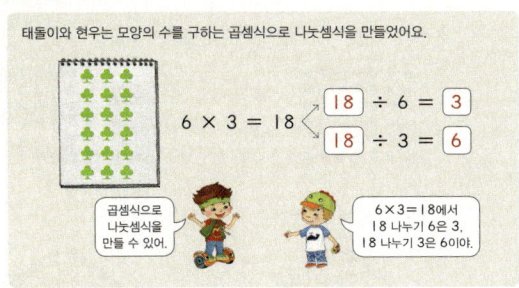

$6 × 3 = 18$ ┌ $18 ÷ 6 = 3$
└ $18 ÷ 3 = 6$

곱셈식으로 나눗셈식을 만들 수 있어.

6×3=18에서 18 나누기 6은 3, 18 나누기 3은 6이야.

● 모양의 수를 구하는 곱셈식을 보고 나눗셈식을 완성하세요.

❶ $6 × 2 = 12$ ┌ $12 ÷ 6 = 2$
└ $12 ÷ 2 = 6$

❷ $5 × 3 = 15$ ┌ $15 ÷ 5 = 3$
└ $15 ÷ 3 = 5$

● 모양의 수를 구하는 곱셈식을 쓰고 나눗셈식을 완성하세요.

$5 × 4 = 20$ ┌ $20 ÷ 5 = 4$
└ $20 ÷ 4 = 5$

4×5=20으로 똑같은 나눗셈을 만들 수 있어.

❶ $7 × 6 = 42$ ┌ $42 ÷ 7 = 6$
└ $42 ÷ 6 = 7$

❷ $8 × 5 = 40$ ┌ $40 ÷ 8 = 5$
└ $40 ÷ 5 = 8$

티나는 곱셈식을 보고 나눗셈식을 만들려고 해요.

이런 규칙이 있군.

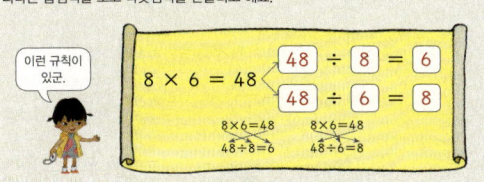

$8 × 6 = 48$ ┌ $48 ÷ 8 = 6$
└ $48 ÷ 6 = 8$

8×6=48   8×6=48
48÷8=6   48÷6=8

● 곱셈식을 보고 나눗셈식을 만들어 보세요.

❶ $5 × 9 = 45$ ┌ $45 ÷ 5 = 9$
└ $45 ÷ 9 = 5$

❷ $9 × 7 = 63$ ┌ $63 ÷ 9 = 7$
└ $63 ÷ 7 = 9$

❸ $7 × 8 = 56$ ┌ $56 ÷ 7 = 8$
└ $56 ÷ 8 = 7$

● 관계있는 식끼리 선으로 이으세요.

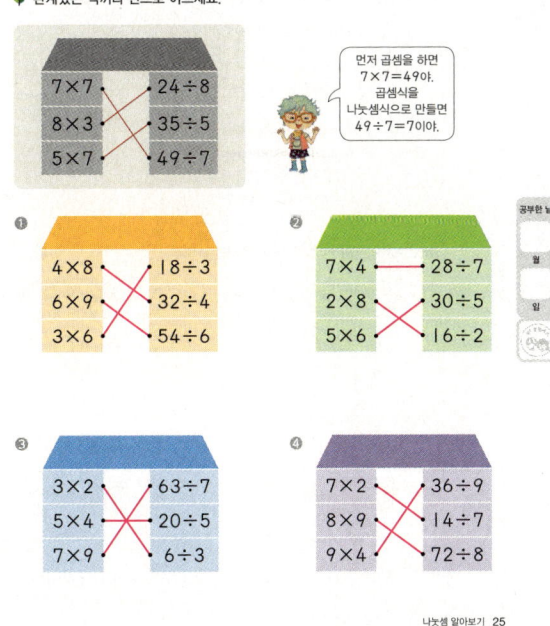

7×7   24÷8
8×3   35÷5
5×7   49÷7

먼저 곱셈을 하면 7×7=49야. 곱셈식을 나눗셈식으로 만들면 49÷7=7이야.

❶ 4×8   18÷3
6×9   32÷4
3×6   54÷6

❷ 7×4   28÷7
2×8   30÷5
5×6   16÷2

❸ 3×2   63÷7
5×4   20÷5
7×9   6÷3

❹ 7×2   36÷9
8×9   14÷7
9×4   72÷8

공부한 날
월
일

정답 5

26 · 27

무엇을 배웠을까요

🌲 공을 똑같이 나누어 묶고 □ 안에 알맞은 수를 쓰세요.

❶
24 는 6씩 4 묶음

❷
32 는 4씩 8 묶음

🌲 사탕을 똑같이 나누었어요. 사탕의 수를 세고 몇 명에게 나누어 줄 수 있는지 쓰세요.

❸
30 ÷ 5 = 6 (명)

❹
48 ÷ 8 = 6 (명)

🌲 나눗셈식을 보고 □ 안에 알맞은 수를 쓰세요.

❺
16 ÷ 2 = 8
16 나누기 2 는 8 과 같습니다.
16 을 2 로 나눈 몫은 8 입니다.

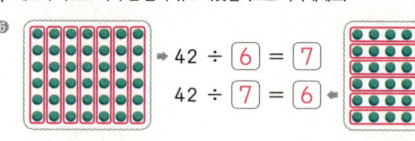

🌲 세로와 가로로 각각 한 줄씩 묶고 나눗셈식으로 나타내세요.

❻
➡ 42 ÷ 6 = 7
42 ÷ 7 = 6 ⬅

🌲 지붕의 수를 이용하여 곱셈식과 나눗셈식을 만들어 보세요.

❼

56
7 ×÷ 8

7 × 8 = 56
8 × 7 = 56
56 ÷ 7 = 8
56 ÷ 8 = 7

❽
40
5 ×÷ 8

5 × 8 = 40
8 × 5 = 40
40 ÷ 5 = 8
40 ÷ 8 = 5

🌲 곱셈식을 보고 나눗셈식을 만들어 보세요.

❾
3 × 7 = 21
21 ÷ 3 = 7
21 ÷ 7 = 3

공부한 날
월
일

---

30 · 31

466 곱셈식을 이용하여 나눗셈의 몫 구하기

티나는 곱셈식을 이용하여 나눗셈의 몫을 구하려고 해요.

7 × 5 = 35
35 ÷ 7 = 5
35 ÷ 5 = 7

두 수의 곱을
한 수로 나누면
다른 수는 몫이 돼.

7×5=35   7×5=35
35÷7=5   35÷5=7

🍀 곱셈식을 이용하여 나눗셈의 몫을 구하세요.

❶ 9 × 2 = 18
18 ÷ 9 = 2
18 ÷ 2 = 9

❷ 3 × 8 = 24
24 ÷ 3 = 8
24 ÷ 8 = 3

❸ 8 × 6 = 48
48 ÷ 8 = 6
48 ÷ 6 = 8

❹ 7 × 9 = 63
63 ÷ 7 = 9
63 ÷ 9 = 7

🍀 곱셈식을 보고 나눗셈의 몫을 구하세요.

6 × 5 = 30 ➡ 30 ÷ 5 = 6
6 × 5 = 30 ➡ 30 ÷ 6 = 5

두 수의 곱을
한 수로 나누면
신기하게 다른 수는
몫이 되네.

나눗셈의 몫을
구할 때에는
먼저 곱셈식을
생각해야 해.

❶ 7 × 8 = 56 ➡ 56 ÷ 8 = 7
7 × 8 = 56 ➡ 56 ÷ 7 = 8

❷ 4 × 9 = 36 ➡ 36 ÷ 9 = 4
4 × 9 = 36 ➡ 36 ÷ 4 = 9

❸ 6 × 9 = 54 ➡ 54 ÷ 9 = 6
6 × 9 = 54 ➡ 54 ÷ 6 = 9

32·33

친구들이 곱셈식을 이용하여 나눗셈의 몫을 구하려고 해요.

$$42 \div 6 = \boxed{} \Rightarrow 6 \times 7 = 42 \Rightarrow \boxed{} = 7$$

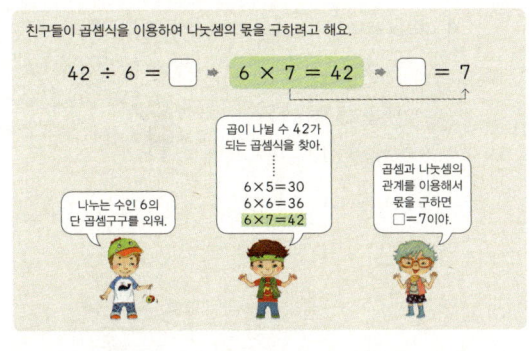

나누는 수인 6의 단 곱셈구구를 외워.

곱이 나눌 수 42가 되는 곱셈식을 찾아.
6×5=30
6×6=36
6×7=42

곱셈과 나눗셈의 관계를 이용해서 몫을 구하면 □=7이야.

🌱 서로 관계있는 것끼리 선으로 이으세요.

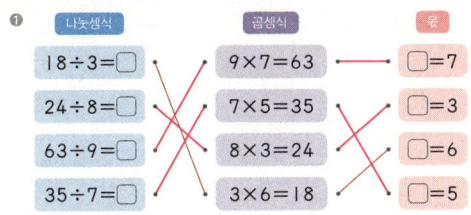

① 나눗셈식 / 곱셈식 / 몫

18÷3=□   9×7=63   □=7
24÷8=□   7×5=35   □=3
63÷9=□   8×3=24   □=6
35÷7=□   3×6=18   □=5

🌱 곱셈식을 완성하고 나눗셈의 몫을 구하세요.

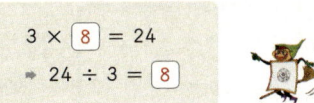

$$3 \times \boxed{8} = 24$$
$$\Rightarrow 24 \div 3 = \boxed{8}$$

곱셈과 나눗셈의 관계를 이용하면 나눗셈의 몫을 구할 수 있어.

① $6 \times \boxed{5} = 30$
  ➡ $30 \div 6 = \boxed{5}$

② $\boxed{8} \times 4 = 32$
  ➡ $32 \div 4 = \boxed{8}$

③ $9 \times \boxed{5} = 45$
  ➡ $45 \div 9 = \boxed{5}$

④ $\boxed{9} \times 7 = 63$
  ➡ $63 \div 7 = \boxed{9}$

⑤ $3 \times \boxed{7} = 21$
  ➡ $21 \div 3 = \boxed{7}$

⑥ $\boxed{4} \times 5 = 20$
  ➡ $20 \div 5 = \boxed{4}$

⑦ $8 \times \boxed{9} = 72$
  ➡ $72 \div 8 = \boxed{9}$

⑧ $\boxed{6} \times 6 = 36$
  ➡ $36 \div 6 = \boxed{6}$

공부한 날

월

일

32 연산 D6

나눗셈구구 33

34·35

467 나눗셈구구 (1)

자동차가 갈림길에서 길을 찾고 있어요.

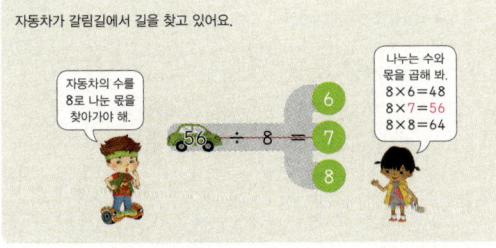

자동차의 수를 8로 나눈 몫을 찾아가야 해.

$$56 \div 8 = \boxed{7}$$

6
7
8

나누는 수와 몫을 곱해 봐.
8×6=48
8×7=56
8×8=64

🌱 자동차가 길을 찾아가도록 선을 그으세요.

① $27 \div 3 = \boxed{9}$ 7 · 9 · 3

② $45 \div 9 = \boxed{5}$ 5 · 4 · 7

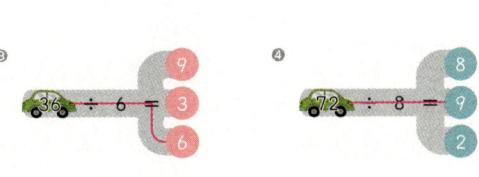

③ $36 \div 6 = \boxed{6}$ 9 · 3 · 6

④ $72 \div 8 = \boxed{9}$ 8 · 9 · 2

🌱 나눗셈의 몫을 찾아 색칠하세요.

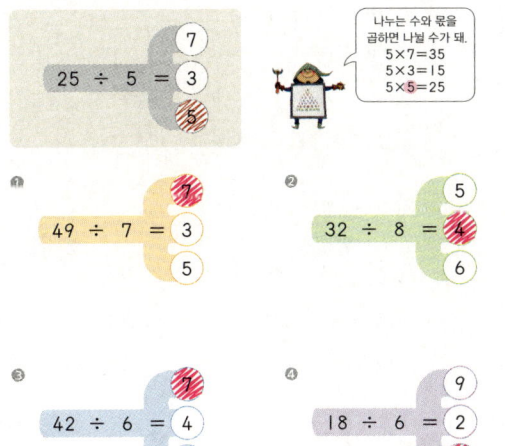

$$25 \div 5 = \boxed{5}$$ 7 · 3 · 5

나누는 수와 몫을 곱하면 나눌 수가 돼.
5×7=35
5×3=15
5×5=25

① $49 \div 7 = \boxed{7}$ 7 · 3 · 5

② $32 \div 8 = \boxed{4}$ 5 · 4 · 6

③ $42 \div 6 = \boxed{7}$ 7 · 4 · 2

④ $18 \div 6 = \boxed{3}$ 9 · 2 · 3

곱셈구구를 이용하면 몫을 쉽게 구할 수 있단다.

34 연산 D6

나눗셈구구 35

36·37

현우와 큐리는 나눗셈의 몫을 구하기 위해 곱셈식을 이용했어요.

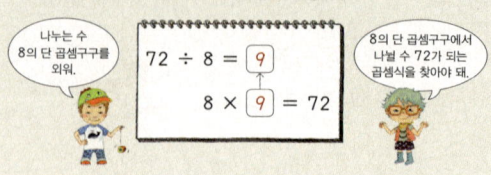

나누는 수 8의 단 곱셈구구를 외워.

$$72 \div 8 = \boxed{9}$$

$$8 \times \boxed{9} = 72$$

8의 단 곱셈구구에서 나뉠 수 72가 되는 곱셈식을 찾아야 돼.

🍀 곱셈식을 이용하여 나눗셈의 몫을 구하세요.

❶ $12 \div 3 = \boxed{4}$
 $3 \times \boxed{4} = 12$

❷ $42 \div 7 = \boxed{6}$
 $7 \times \boxed{6} = 42$

❸ $30 \div 6 = \boxed{5}$
 $6 \times \boxed{5} = 30$

❹ $45 \div 5 = \boxed{9}$
 $5 \times \boxed{9} = 45$

❺ $16 \div 8 = \boxed{2}$
 $8 \times \boxed{2} = 16$

❻ $54 \div 9 = \boxed{6}$
 $9 \times \boxed{6} = 54$

🍀 나눗셈을 하세요.

$$18 \div 3 = \boxed{6}$$

나눗셈의 몫은 곱셈구구를 이용하여 구하면 편리해. $3 \times \boxed{6} = 18$

❶ $24 \div 8 = \boxed{3}$
❷ $15 \div 3 = \boxed{5}$

❸ $14 \div 7 = \boxed{2}$
❹ $64 \div 8 = \boxed{8}$

❺ $10 \div 2 = \boxed{5}$
❻ $49 \div 7 = \boxed{7}$

❼ $81 \div 9 = \boxed{9}$
❽ $21 \div 3 = \boxed{7}$

❾ $25 \div 5 = \boxed{5}$
❿ $48 \div 6 = \boxed{8}$

공부한 날
월
일

38·39

468 나눗셈구구 (2)

티나는 나눗셈의 몫을 찾아 선으로 이었어요.

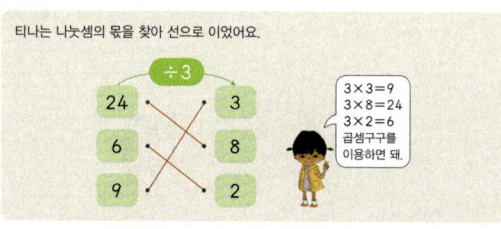

$3 \times 3 = 9$
$3 \times 8 = 24$
$3 \times 2 = 6$
곱셈구구를 이용하면 돼.

🍀 나눗셈의 몫을 찾아 선으로 이으세요.

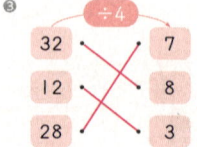

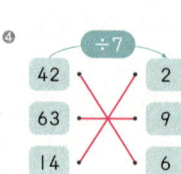

🍀 나눗셈의 몫을 구하세요.

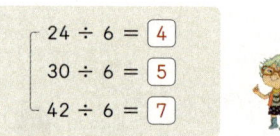

$24 \div 6 = \boxed{4}$
$30 \div 6 = \boxed{5}$
$42 \div 6 = \boxed{7}$

$6 \times 4 = 24$
$6 \times 5 = 30$
$6 \times 7 = 42$
곱셈구구를 이용하면 돼.

❶
$18 \div 2 = \boxed{9}$
$4 \div 2 = \boxed{2}$
$6 \div 2 = \boxed{3}$

❷
$15 \div 3 = \boxed{5}$
$21 \div 3 = \boxed{7}$
$12 \div 3 = \boxed{4}$

❸
$54 \div 9 = \boxed{6}$
$72 \div 9 = \boxed{8}$
$36 \div 9 = \boxed{4}$

❹
$10 \div 5 = \boxed{2}$
$35 \div 5 = \boxed{7}$
$40 \div 5 = \boxed{8}$

❺
$49 \div 7 = \boxed{7}$
$35 \div 7 = \boxed{5}$
$56 \div 7 = \boxed{8}$

❻
$16 \div 4 = \boxed{4}$
$36 \div 4 = \boxed{9}$
$24 \div 4 = \boxed{6}$

태돌이는 나눗셈의 몫을 찾아 선으로 이었어요.

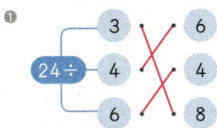

4×9=36
6×6=36
9×4=36
곱셈구구를
이용하면 돼.

🌱 나눗셈의 몫을 찾아 선으로 이으세요.

❶   ❷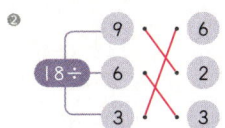

❸ 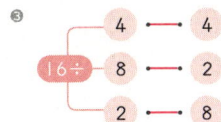   ❹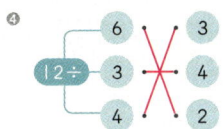

🌱 나눗셈의 몫을 구하세요.

16 ÷ 2 = 8
16 ÷ 4 = 4
16 ÷ 8 = 2

2×8=16
4×4=16
8×2=16
곱셈구구를
이용하면 돼.

❶ 36 ÷ 6 = 6
36 ÷ 4 = 9
36 ÷ 9 = 4

❷ 9 ÷ 1 = 9
9 ÷ 3 = 3
9 ÷ 9 = 1

❸ 24 ÷ 4 = 6
24 ÷ 6 = 4
24 ÷ 8 = 3

❹ 18 ÷ 2 = 9
18 ÷ 3 = 6
18 ÷ 6 = 3

❺ 12 ÷ 4 = 3
12 ÷ 2 = 6
12 ÷ 6 = 2

❻ 8 ÷ 2 = 4
8 ÷ 4 = 2
8 ÷ 1 = 8

공부한 날
월
일

---

469 세로 형식 나눗셈

큐리는 나눗셈식을 세로 형식으로 나타냈어요.

왜 나눗셈에서
세로 형식이
필요하지?

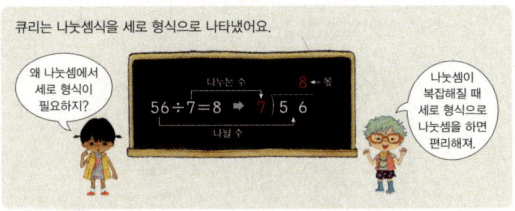

나누는 수   8 ← 몫
56÷7=8 ➡ 7) 5 6
나뉠 수

나눗셈이
복잡해질 때
세로 형식으로
나눗셈을 하면
편리해져.

🌱 나눗셈식을 세로 형식으로 나타냈어요. □ 안에 알맞은 수를 쓰세요.

❶ 30 ÷ 5 = 6
⑥
5) 3 0

❷ 24 ÷ 3 = 8
⑧
3) 2 4

❸ 45 ÷ 9 = 5
⑤
9) 4 5

❹ 28 ÷ 4 = 7
⑦
4) 2 8

🌱 나눗셈식을 세로 형식으로 쓰세요.

54 ÷ 6 = 9

9
6) 5 4

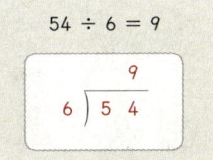

9 ← 몫
6) 5 4
나누는 수 나뉠 수

❶ 32 ÷ 8 = 4

4
8) 3 2

❷ 48 ÷ 6 = 8

8
6) 4 8

❸ 42 ÷ 7 = 6

6
7) 4 2

❹ 20 ÷ 4 = 5

5
4) 2 0

정답 9

44·45

현우는 나눗셈을 세로 형식으로 나타내고 몫을 구했어요.

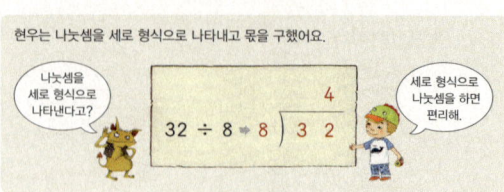

나눗셈을 세로 형식으로 나타낸다고? 세로 형식으로 나눗셈을 하면 편리해.

$$32 \div 8 \Rightarrow 8\overline{)3\ 2}^{\ \ 4}$$

🌷 나눗셈을 세로 형식으로 나타내고 몫을 구하세요.

❶ $64 \div 8 \Rightarrow 8\overline{)6\ 4}^{\ \ 8}$

❷ $16 \div 4 \Rightarrow 4\overline{)1\ 6}^{\ \ 4}$

❸ $56 \div 7 \Rightarrow 7\overline{)5\ 6}^{\ \ 8}$

❹ $45 \div 5 \Rightarrow 5\overline{)4\ 5}^{\ \ 9}$

❺ $54 \div 9 \Rightarrow 9\overline{)5\ 4}^{\ \ 6}$

❻ $28 \div 7 \Rightarrow 7\overline{)2\ 8}^{\ \ 4}$

🌷 나눗셈의 몫을 구하세요.

세로 형식으로 나눗셈의 몫을 구할 때에는 몫을 일의 자리에 맞추어 써야 해.

$$6\overline{)3\ 6}^{\ \ 6}$$

❶ $8\overline{)7\ 2}^{\ \ 9}$

❷ $4\overline{)2\ 0}^{\ \ 5}$

❸ $7\overline{)4\ 9}^{\ \ 7}$

❹ $3\overline{)1\ 2}^{\ \ 4}$

❺ $2\overline{)1\ 2}^{\ \ 6}$

❻ $5\overline{)3\ 5}^{\ \ 7}$

❼ $6\overline{)2\ 4}^{\ \ 4}$

❽ $9\overline{)8\ 1}^{\ \ 9}$

46·47

470 나눗셈구구 활용

친구들이 동물들의 집을 찾아 주려고 해요.

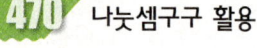

고양이 집 번호는 15÷5=3이야.

$15 \div 5$ $32 \div 8$ $35 \div 7$

강아지 집 번호는 32÷8=4지.

🌷 나눗셈의 몫을 찾아 선으로 이으세요.

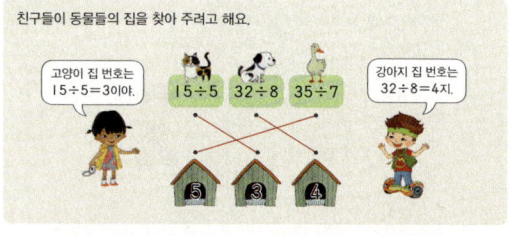

❶ $36 \div 9$ $48 \div 8$ $14 \div 7$

❷ $63 \div 7$ $9 \div 3$ $30 \div 6$

❸ $40 \div 8$ $64 \div 8$ $36 \div 9$

❹ $24 \div 8$ $18 \div 9$ $81 \div 9$

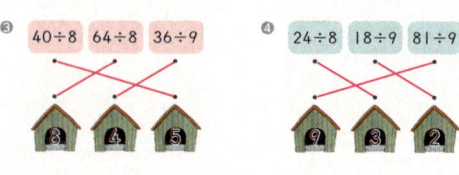

🌷 나눗셈식이 되도록 선으로 이으세요.

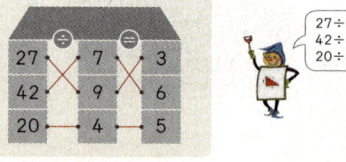

27	÷ 7	= 3
42	9	6
20	4	5

$27 \div 9 = 3$
$42 \div 7 = 6$
$20 \div 4 = 5$

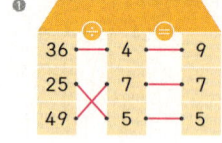

❶
36	÷ 4	= 9
25	7	7
49	5	5

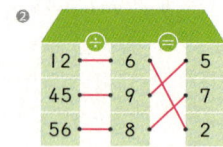

❷
12	÷ 6	= 5
45	9	7
56	8	2

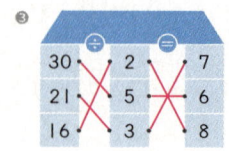

❸
30	÷ 2	= 7
21	5	6
16	3	8

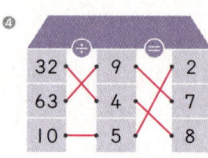

❹
32	÷ 9	= 2
63	4	7
10	5	8

강아지가 타고 있는 버스에 나눗셈표가 그려져 있어요.

9를 위의 수로 나누면 몫을 쓰면 돼.

그렇군.
9÷3=3
9÷9=1
9÷1=9

🍀 나눗셈을 하여 빈칸에 알맞은 수를 쓰세요.

① ÷ 5 7 / 35 **7 5**
② ÷ 6 8 / 48 **8 6**
③ ÷ 2 4 8 / 16 **8 4 2**
④ ÷ 4 6 9 / 36 **9 6 4**
⑤ ÷ 8 4 6 3 / 24 **3 6 4 8**
⑥ ÷ 2 4 6 3 / 12 **6 3 2 4**

🍀 나눗셈을 하여 빈칸에 알맞은 수를 쓰세요.

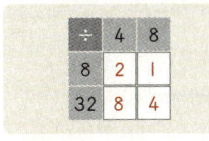

÷ 4 8 / 8 **2 1** / 32 **8 4**

왼쪽의 수를 위의 수로 나눈 몫을 써야 해.
8÷4=2 8÷8=1
32÷4=8 32÷8=4

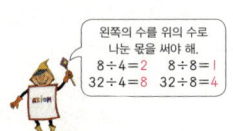

① ÷ 3 9 / 18 **6 2** / 27 **9 3**
② ÷ 2 8 / 16 **8 2** / 8 **4 1**
③ ÷ 3 4 / 12 **4 3** / 24 **8 6**
④ ÷ 6 8 / 24 **4 3** / 48 **8 6**
⑤ ÷ 6 2 / 18 **3 9** / 12 **2 6**
⑥ ÷ 9 6 / 36 **4 6** / 54 **6 9**

무엇을 배웠을까요

🌲 곱셈식을 이용하여 나눗셈의 몫을 구하세요.

① 3 × 7 = 21
- 21 ÷ 3 = [7]
- 21 ÷ 7 = [3]

② 5 × 6 = 30
- 30 ÷ 5 = [6]
- 30 ÷ 6 = [5]

🌲 곱셈식을 완성하고 나눗셈의 몫을 구하세요.

③ 9 × [4] = 36 ➡ 36 ÷ 9 = [4]

④ [7] × 8 = 56 ➡ 56 ÷ 8 = [7]

🌲 나눗셈의 몫을 찾아 선으로 이으세요.

⑤ 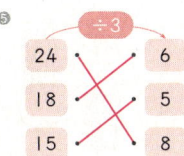 ÷3
24 — 6
18 — 5
15 — 8

⑥ 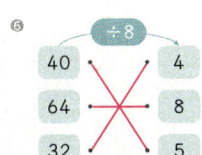 ÷8
40 — 4
64 — 8
32 — 5

🌲 나눗셈을 세로 형식으로 나타내고 몫을 구하세요.

⑦ 42 ÷ 7 ➡  7)42 = 6

⑧ 54 ÷ 6 ➡  6)54 = 9

🌲 나눗셈식이 되도록 선으로 이으세요.

⑨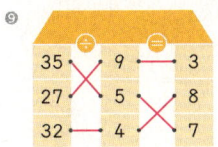
÷ =
35 9 3
27 5
32 4 7

⑩
÷ =
15 5 9
49 7 3
72 8 7

🌲 나눗셈을 하여 빈칸에 알맞은 수를 쓰세요.

⑪ ÷ 6 9 / 18 **3 2** / 36 **6 4**
⑫ ÷ 4 8 / 16 **4 2** / 24 **6 3**

정답 11

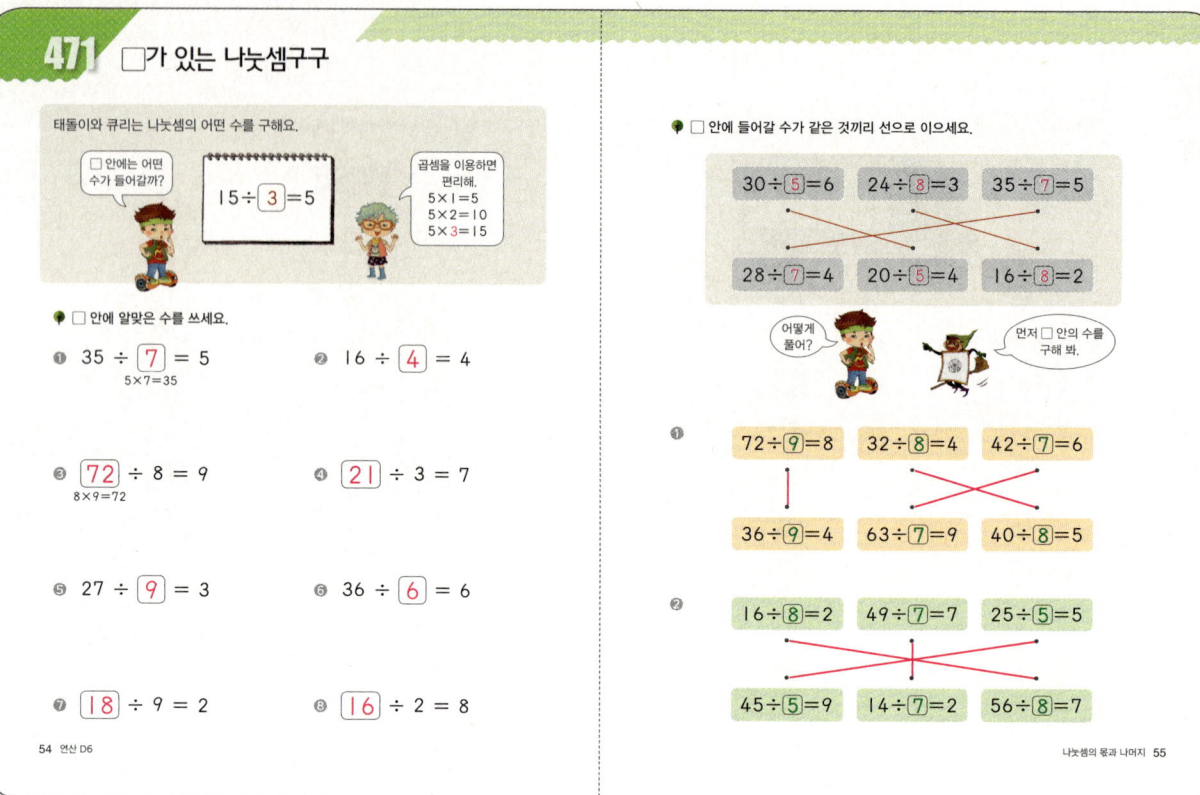

471 □가 있는 나눗셈구구

472 묶이 같은 나눗셈

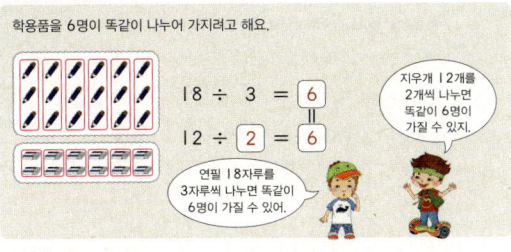

학용품을 6명이 똑같이 나누어 가지려고 해요.

$18 \div 3 = \boxed{6}$

$12 \div \boxed{2} = \boxed{6}$

지우개 12개를 2개씩 나누면 똑같이 6명이 가질 수 있지.

연필 18자루를 3자루씩 나누면 똑같이 6명이 가질 수 있어.

🍀 그림을 보고 □ 안에 알맞은 수를 쓰세요.

❶
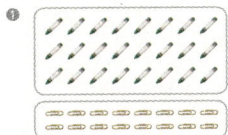

$24 \div 3 = \boxed{8}$

$16 \div \boxed{2} = \boxed{8}$

❷

$20 \div 4 = \boxed{5}$

$15 \div \boxed{3} = \boxed{5}$

🍀 묶이 같은 것끼리 선으로 이으세요.

묶을 구하고 묶이 같은 것끼리 선으로 이어.

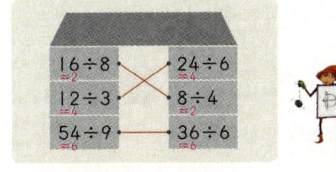

$16 \div 8$		$24 \div 6$
÷2		÷4
$12 \div 3$		$8 \div 4$
÷4		÷2
$54 \div 9$		$36 \div 6$
÷6		÷6

❶
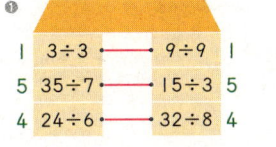

1	$3 \div 3$	$9 \div 9$	1
5	$35 \div 7$	$15 \div 3$	5
4	$24 \div 6$	$32 \div 8$	4

❷
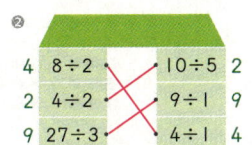

4	$8 \div 2$	$10 \div 5$	2
2	$4 \div 2$	$9 \div 1$	9
9	$27 \div 3$	$4 \div 1$	4

❸
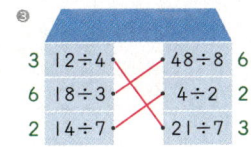

3	$12 \div 4$	$48 \div 8$	6
6	$18 \div 3$	$4 \div 2$	2
2	$14 \div 7$	$21 \div 7$	3

❹
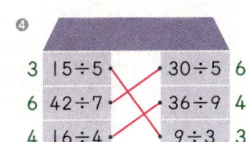

3	$15 \div 5$	$30 \div 5$	6
6	$42 \div 7$	$36 \div 9$	4
4	$16 \div 4$	$9 \div 3$	3

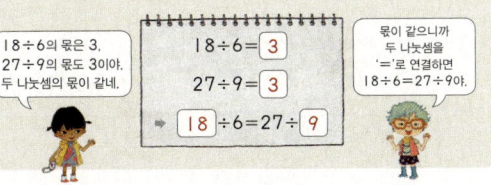

티나와 큐리가 묶이 같은 나눗셈식을 찾고 있어요.

18÷6의 묶은 3, 27÷9의 묶도 3이야. 두 나눗셈의 묶이 같네.

$18 \div 6 = \boxed{3}$

$27 \div 9 = \boxed{3}$

➡ $\boxed{18} \div 6 = 27 \div \boxed{9}$

묶이 같으니까 두 나눗셈을 '='로 연결하면 18÷6=27÷9야.

🍀 묶이 같은 나눗셈식이에요. □ 안에 알맞은 수를 쓰세요.

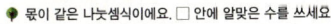

❶ $18 \div 9 = \boxed{2}$

$6 \div 3 = \boxed{2}$ ➡ $\boxed{18} \div 9 = 6 \div \boxed{3}$

❷ $24 \div 4 = \boxed{6}$

$54 \div 9 = \boxed{6}$ ➡ $\boxed{24} \div 4 = 54 \div \boxed{9}$

❸ $16 \div 4 = \boxed{4}$

$8 \div 2 = \boxed{4}$ ➡ $16 \div \boxed{4} = 8 \div \boxed{2}$

❹ $36 \div 4 = \boxed{9}$

$63 \div 7 = \boxed{9}$ ➡ $36 \div \boxed{4} = 63 \div \boxed{7}$

🍀 나눗셈의 묶이 같도록 □ 안에 알맞은 수를 쓰세요.

$12 \div 6 = 18 \div \boxed{9}$

12÷6=2   2×9=18

12÷6=2 2와 곱해서 18이 되는 수를 찾으면 돼.

❶ $24 \div 8 = 12 \div \boxed{4}$

24÷8=3   3×4=12

❷ $42 \div 7 = 48 \div \boxed{8}$

❸ $45 \div 5 = \boxed{81} \div 9$

45÷5=9   9×9=81

❹ $36 \div 6 = \boxed{24} \div 4$

❺ $12 \div \boxed{6} = 8 \div 4$

❻ $6 \div \boxed{2} = 21 \div 7$

❼ $\boxed{16} \div 4 = 20 \div 5$

❽ $\boxed{49} \div 7 = 56 \div 8$

공부한 날
월
일

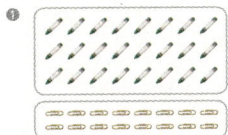

58 연산 D6

나눗셈의 묶과 나머지 59

60 연산 D6

나눗셈의 묶과 나머지 61

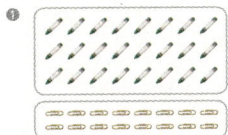

정답 13

473 묶음과 낱개

현우와 큐리는 꼬마 요괴 4명에게 과자를 5개씩 나누어 주려고 해요.

과자 23개를 5개씩 나누어 주면 몇 개가 남지?

남은 과자를 내가 먹어야지.

5개씩 나누어 주면 3개가 남네.

23은 5씩 4 묶음과 낱개 3

🍀 쿠키를 나누었어요. 묶음과 낱개의 수를 쓰세요.

① 22는 3씩 7 묶음과 낱개 1

② 19는 2씩 9 묶음과 낱개 1

③ 27은 4씩 6 묶음과 낱개 3

④ 44는 5씩 8 묶음과 낱개 4

🍀 공의 수를 세고 묶음과 낱개의 수를 쓰세요.

29개를 3씩 묶으면 9묶음이고 남은 낱개는 2군.

29 는 3씩 9 묶음과 낱개 2

① 31은 4씩 7 묶음과 낱개 3

② 17은 2씩 8 묶음과 낱개 1

③ 41은 7씩 5 묶음과 낱개 6

④ 39는 6씩 6 묶음과 낱개 3

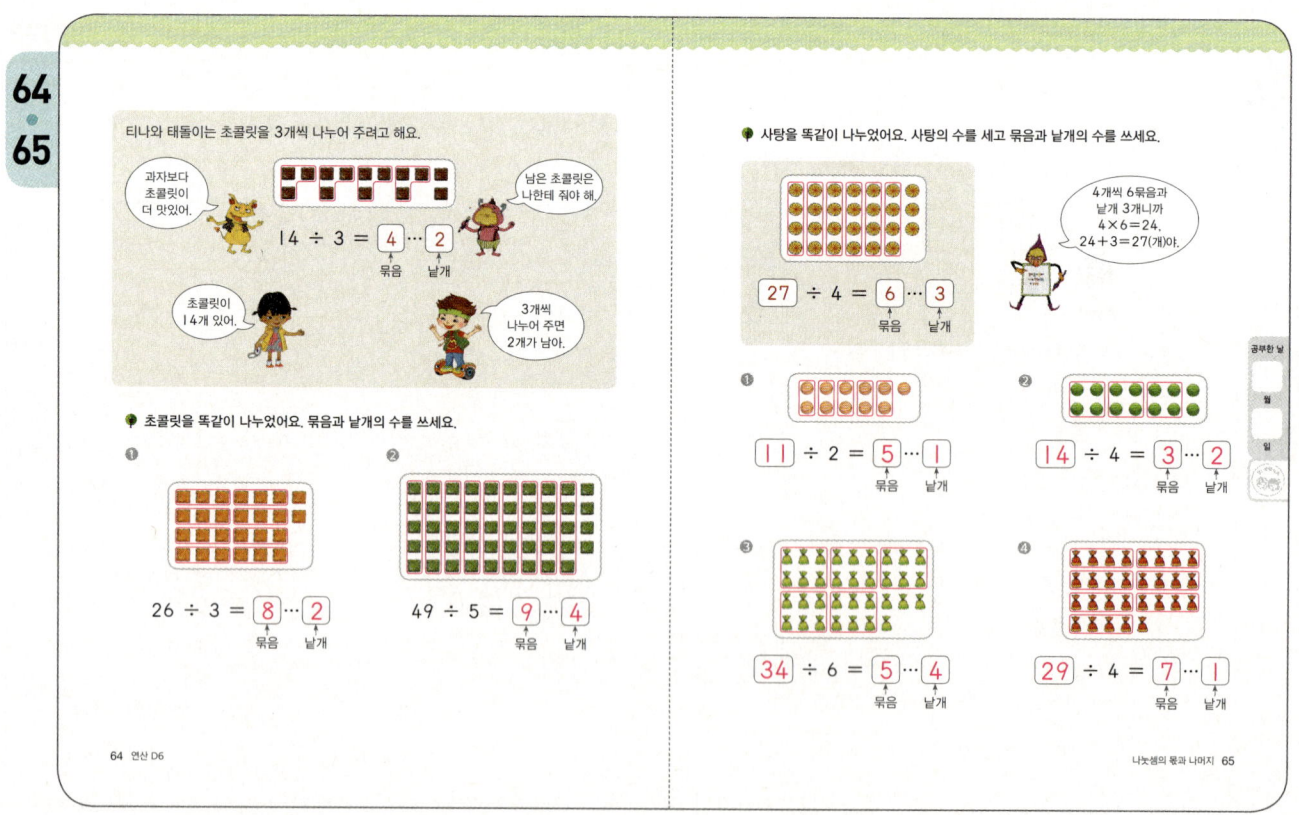

티나와 태돌이는 초콜릿을 3개씩 나누어 주려고 해요.

과자보다 초콜릿이 더 맛있어.

남은 초콜릿은 나한테 줘야 해.

$$14 \div 3 = 4 \cdots 2$$
묶음   낱개

초콜릿이 14개 있어.

3개씩 나누어 주면 2개가 남아.

🍀 초콜릿을 똑같이 나누었어요. 묶음과 낱개의 수를 쓰세요.

① $$26 \div 3 = 8 \cdots 2$$
묶음   낱개

② $$49 \div 5 = 9 \cdots 4$$
묶음   낱개

🍀 사탕을 똑같이 나누었어요. 사탕의 수를 세고 묶음과 낱개의 수를 쓰세요.

4개씩 6묶음과 낱개 3개니까 4×6=24, 24+3=27(개)야.

$$27 \div 4 = 6 \cdots 3$$
묶음   낱개

① $$11 \div 2 = 5 \cdots 1$$
묶음   낱개

② $$14 \div 4 = 3 \cdots 2$$
묶음   낱개

③ $$34 \div 6 = 5 \cdots 4$$
묶음   낱개

④ $$29 \div 4 = 7 \cdots 1$$
묶음   낱개

공부한 날
월
일

66·67

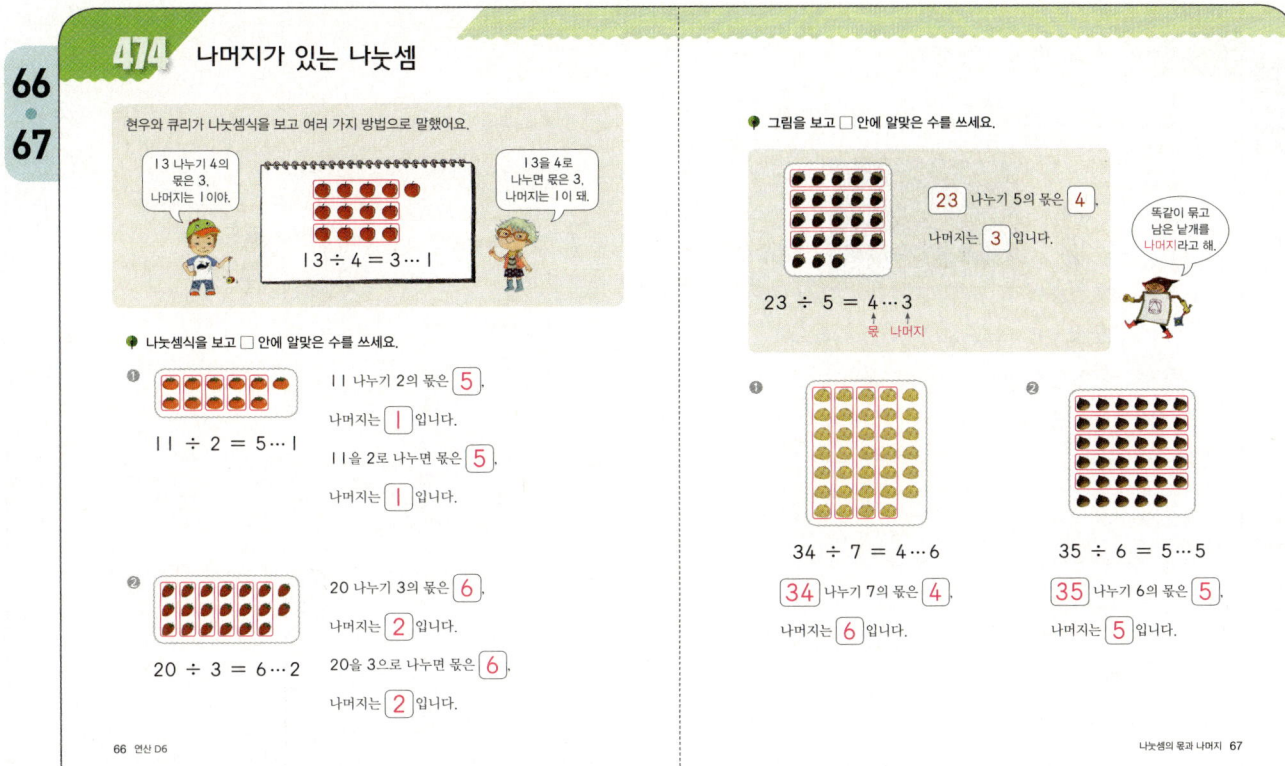

474 나머지가 있는 나눗셈

현우와 큐리가 나눗셈식을 보고 여러 가지 방법으로 말했어요.

13 나누기 4의 몫은 3, 나머지는 1이야.

13을 4로 나누면 몫은 3, 나머지는 1이 돼.

$$13 \div 4 = 3 \cdots 1$$

🌱 나눗셈식을 보고 □ 안에 알맞은 수를 쓰세요.

① 11 나누기 2의 몫은 **5**,
나머지는 **1** 입니다.

$$11 \div 2 = 5 \cdots 1$$

11을 2로 나누면 몫은 **5**,
나머지는 **1** 입니다.

② 20 나누기 3의 몫은 **6**,
나머지는 **2** 입니다.

$$20 \div 3 = 6 \cdots 2$$

20을 3으로 나누면 몫은 **6**,
나머지는 **2** 입니다.

66 연산 D6

🌱 그림을 보고 □ 안에 알맞은 수를 쓰세요.

23 나누기 5의 몫은 **4**
나머지는 **3** 입니다.

$$23 \div 5 = 4 \cdots 3$$
몫 나머지

똑같이 묶고 남은 낱개를 나머지라고 해.

① $$34 \div 7 = 4 \cdots 6$$

34 나누기 7의 몫은 **4**
나머지는 **6** 입니다.

② $$35 \div 6 = 5 \cdots 5$$

35 나누기 6의 몫은 **5**
나머지는 **5** 입니다.

나눗셈의 몫과 나머지 67

68·69

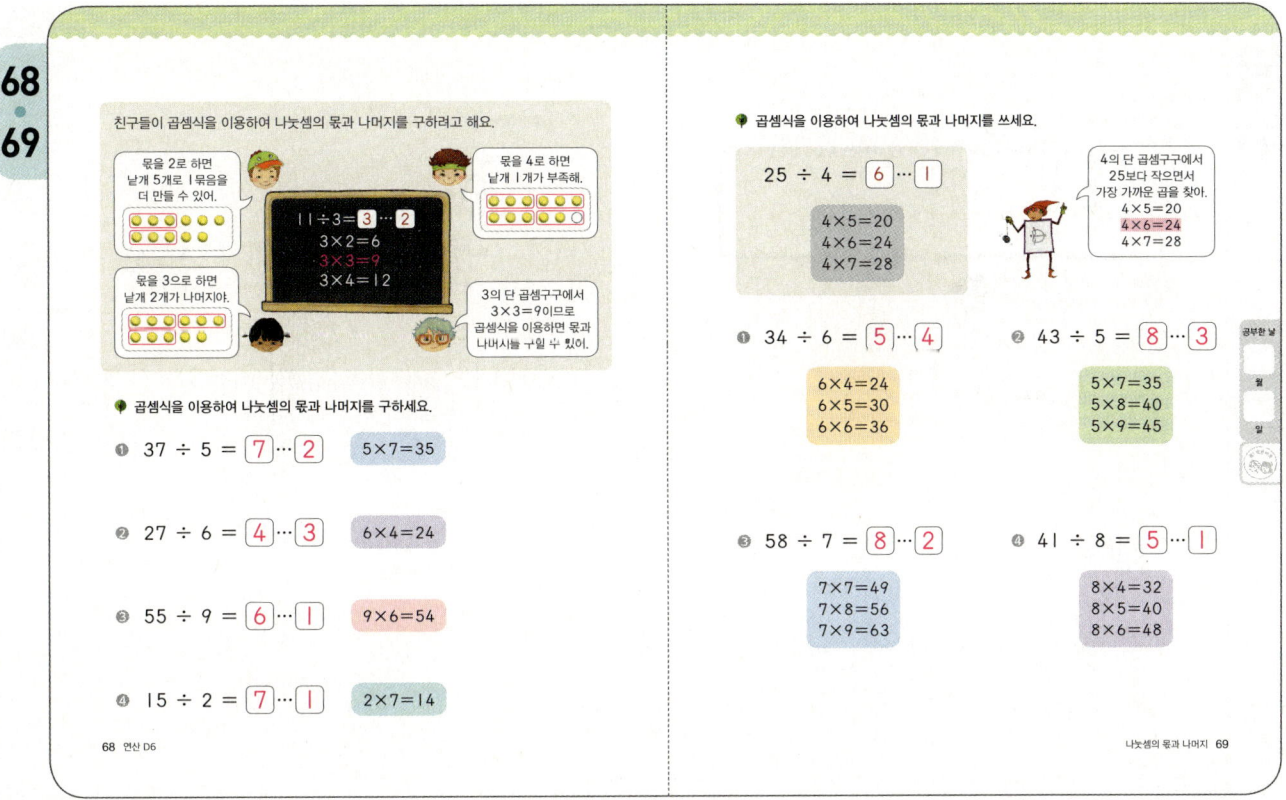

친구들이 곱셈식을 이용하여 나눗셈의 몫과 나머지를 구하려고 해요.

묶음을 2로 하면 낱개 5개로 1묶음을 더 만들 수 있어.

$$11 \div 3 = 3 \cdots 2$$
$$3 \times 2 = 6$$
$$3 \times 3 = 9$$
$$3 \times 4 = 12$$

묶음을 4로 하면 낱개 1개가 부족해.

묶음을 3으로 하면 낱개 2개가 나머지야.

3의 단 곱셈구구에서 3×3=9이므로 곱셈식을 이용하면 몫과 나머지를 구할 수 있어.

🌱 곱셈식을 이용하여 나눗셈의 몫과 나머지를 구하세요.

① $$37 \div 5 = 7 \cdots 2$$ $5 \times 7 = 35$

② $$27 \div 6 = 4 \cdots 3$$ $6 \times 4 = 24$

③ $$55 \div 9 = 6 \cdots 1$$ $9 \times 6 = 54$

④ $$15 \div 2 = 7 \cdots 1$$ $2 \times 7 = 14$

68 연산 D6

🌱 곱셈식을 이용하여 나눗셈의 몫과 나머지를 쓰세요.

$$25 \div 4 = 6 \cdots 1$$

$$4 \times 5 = 20$$
$$4 \times 6 = 24$$
$$4 \times 7 = 28$$

4의 단 곱셈구구에서 25보다 작으면서 가장 가까운 곱을 찾아.
$$4 \times 5 = 20$$
$$4 \times 6 = 24$$
$$4 \times 7 = 28$$

① $$34 \div 6 = 5 \cdots 4$$

$$6 \times 4 = 24$$
$$6 \times 5 = 30$$
$$6 \times 6 = 36$$

② $$43 \div 5 = 8 \cdots 3$$

$$5 \times 7 = 35$$
$$5 \times 8 = 40$$
$$5 \times 9 = 45$$

③ $$58 \div 7 = 8 \cdots 2$$

$$7 \times 7 = 49$$
$$7 \times 8 = 56$$
$$7 \times 9 = 63$$

④ $$41 \div 8 = 5 \cdots 1$$

$$8 \times 4 = 32$$
$$8 \times 5 = 40$$
$$8 \times 6 = 48$$

공부한 날
월
일

나눗셈의 몫과 나머지 69

정답 **15**

70 71

475 세로 형식 나눗셈

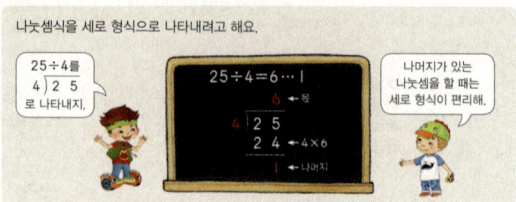

나눗셈식을 세로 형식으로 나타내려고 해요.

$25 \div 4 = 6 \cdots 1$

나머지가 있는 나눗셈을 할 때는 세로 형식이 편리해.

나눗셈식을 세로 형식으로 나타내었어요. □ 안에 알맞은 수를 쓰세요.

① $29 \div 5 = 5 \cdots 4$

$$5 \overline{)\begin{array}{r} 5 \\ 2\,9 \\ 2\,5 \\ \hline 4 \end{array}}$$

② $32 \div 7 = 4 \cdots 4$

$$7 \overline{)\begin{array}{r} 4 \\ 3\,2 \\ 2\,8 \\ \hline 4 \end{array}}$$

③ $58 \div 7 = 8 \cdots 2$

$$7 \overline{)\begin{array}{r} 8 \\ 5\,8 \\ 5\,6 \\ \hline 2 \end{array}}$$

④ $42 \div 9 = 4 \cdots 6$

$$9 \overline{)\begin{array}{r} 4 \\ 4\,2 \\ 3\,6 \\ \hline 6 \end{array}}$$

70 연산 D6

나눗셈식을 세로 형식으로 쓰세요.

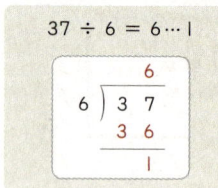

$37 \div 6 = 6 \cdots 1$

$$6 \overline{)\begin{array}{r} 6 \\ 3\,7 \\ 3\,6 \\ \hline 1 \end{array}}$$

나머지는 나누는 수보다 작아야 해.

① $48 \div 9 = 5 \cdots 3$

$$9 \overline{)\begin{array}{r} 5 \\ 4\,8 \\ 4\,5 \\ \hline 3 \end{array}}$$

② $25 \div 7 = 3 \cdots 4$

$$7 \overline{)\begin{array}{r} 3 \\ 2\,5 \\ 2\,1 \\ \hline 4 \end{array}}$$

③ $44 \div 5 = 8 \cdots 4$

$$5 \overline{)\begin{array}{r} 8 \\ 4\,4 \\ 4\,0 \\ \hline 4 \end{array}}$$

④ $28 \div 8 = 3 \cdots 4$

$$8 \overline{)\begin{array}{r} 3 \\ 2\,8 \\ 2\,4 \\ \hline 4 \end{array}}$$

나눗셈의 몫과 나머지 71

---

72 73

아이들이 바르게 계산한 나눗셈을 찾으려고 해요.

나머지는 나누는 수 6보다 작아야 해. (1)은 나눗셈이 잘못된 거야.

(3)은 몫을 크게 구해서 틀렸어.

바르게 계산한 나눗셈에 ○표 하세요.

①

$$8 \overline{)\begin{array}{r} 3 \\ 4\,2 \\ 2\,4 \\ \hline 1\,8 \end{array}} \qquad 8 \overline{)\begin{array}{r} 4 \\ 4\,2 \\ 3\,2 \\ \hline 1\,0 \end{array}} \qquad \boxed{8 \overline{)\begin{array}{r} 5 \\ 4\,2 \\ 4\,0 \\ \hline 2 \end{array}}}$$

②

$$4 \overline{)\begin{array}{r} 7 \\ 3\,5 \\ 2\,8 \\ \hline 7 \end{array}} \qquad \boxed{4 \overline{)\begin{array}{r} 8 \\ 3\,5 \\ 3\,2 \\ \hline 3 \end{array}}} \qquad 4 \overline{)\begin{array}{r} 9 \\ 3\,5 \\ 3\,6 \\ \hline 1 \end{array}}$$

72 연산 D6

□ 안에 알맞은 수를 쓰세요.

5의 단 곱셈구구 중에서 32보다 작으면서 32에 가까운 곱을 찾아. $5 \times 6 = 30$

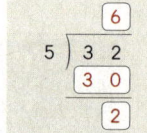

$$5 \overline{)\begin{array}{r} 6 \\ 3\,2 \\ 3\,0 \\ \hline 2 \end{array}}$$

나머지는 나누는 수 5보다 작아야 해.

① $$3 \overline{)\begin{array}{r} 5 \\ 1\,6 \\ 1\,5 \\ \hline 1 \end{array}}$$

② $$7 \overline{)\begin{array}{r} 5 \\ 4\,0 \\ 3\,5 \\ \hline 5 \end{array}}$$

③ $$4 \overline{)\begin{array}{r} 7 \\ 2\,9 \\ 2\,8 \\ \hline 1 \end{array}}$$

④ $$2 \overline{)\begin{array}{r} 7 \\ 1\,5 \\ 1\,4 \\ \hline 1 \end{array}}$$

⑤ $$6 \overline{)\begin{array}{r} 6 \\ 3\,7 \\ 3\,6 \\ \hline 1 \end{array}}$$

⑥ $$9 \overline{)\begin{array}{r} 7 \\ 6\,6 \\ 6\,3 \\ \hline 3 \end{array}}$$

공부한 날
월
일

나눗셈의 몫과 나머지 73

무엇을 배웠을까요

74
75

🔺 빈칸에 알맞은 수를 쓰세요.

① ÷ =

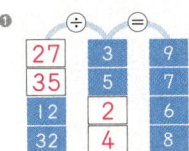

27	3	9
35	5	7
12	2	6
32	4	8

② ÷ =

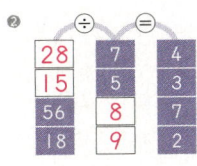

28	7	4
15	5	3
56	8	7
18	9	2

🔺 몫이 같은 것끼리 선으로 이으세요.

③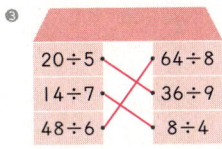

20÷5 — 64÷8
14÷7 ⤫ 36÷9
48÷6 — 8÷4

④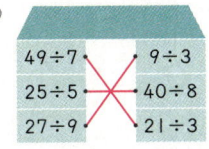

49÷7 — 9÷3
25÷5 ⤫ 40÷8
27÷9 — 21÷3

🔺 몫이 같은 나눗셈식이에요. □ 안에 알맞은 수를 쓰세요.

⑤ 36 ÷ 6 = [6]
54 ÷ 9 = [6] ➡ [36] ÷ 6 = 54 ÷ [9]

⑥ 20 ÷ 4 = [5]
35 ÷ 7 = [5] ➡ [20] ÷ 4 = 35 ÷ [7]

🔺 사탕을 똑같이 나누었어요. 사탕의 수를 세고 묶음과 낱개의 수를 쓰세요.

⑦ 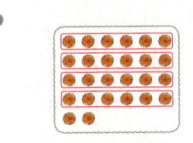   ⑧

[26] ÷ 6 = [4]…[2]   [35] ÷ 8 = [4]…[3]
묶음 낱개   묶음 낱개

🔺 곱셈식을 이용하여 나눗셈의 몫과 나머지를 쓰세요.

⑨ 22 ÷ 4 = [5]…[2]   ⑩ 57 ÷ 9 = [6]…[3]

4×4=16   9×5=45
4×5=20   9×6=54
4×6=24   9×7=63

🔺 □ 안에 알맞은 수를 쓰세요.

⑪
```
     6
3 ) 1 9
    1 8
      1
```

⑫
```
     7
5 ) 3 8
    3 5
      3
```

74 연산 D6   나눗셈의 몫과 나머지 75

---

476 몫과 나머지 구하기

78
79

큐리와 태돌이가 나눗셈을 하려고 해요.

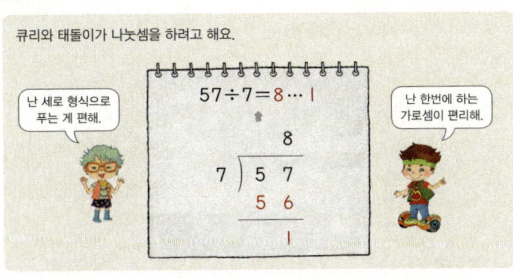

난 세로 형식으로 푸는 게 편해.

난 한번에 하는 가로셈이 편리해.

57÷7=8…1
```
      8
7 ) 5 7
    5 6
      1
```

🍀 나눗셈을 세로 형식으로 풀고 몫과 나머지를 구하세요.

① 33 ÷ 9 = [3]…[6]   ② 26 ÷ 6 = [4]…[2]

```
      3
9 ) 3 3
    2 7
      6
```
```
      4
6 ) 2 6
    2 4
      2
```

🍀 나눗셈을 세로 형식으로 풀고 몫과 나머지를 쓰세요.

35 ÷ 8 = [4]…[3]

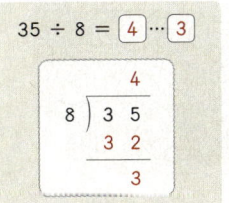
```
      4
8 ) 3 5
    3 2
      3
```

8의 단 곱셈구구에서 곱이 35보다 작으면서 35에 가장 가까운 곱을 찾아.
8×3=24
8×4=32
8×5=40

① 25 ÷ 7 = [3]…[4]   ② 59 ÷ 8 = [7]…[3]

```
      3
7 ) 2 5
    2 1
      4
```
```
      7
8 ) 5 9
    5 6
      3
```

빨리 풀고 놀이터에서 놀아야지.

78 연산 D6   나눗셈의 검산 79

정답 **17**

80 · 81

티나와 현우가 나눗셈을 했어요.

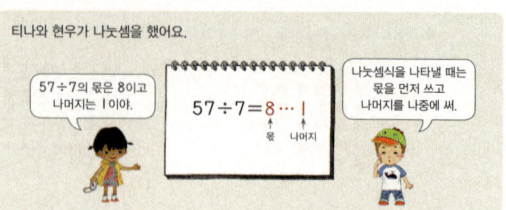

57÷7의 몫은 8이고 나머지는 1이야.

$57 \div 7 = 8 \cdots 1$

나눗셈식을 나타낼 때는 몫을 먼저 쓰고 나머지를 나중에 써.

🌱 나눗셈을 하세요.

❶ $55 \div 8 = 6 \cdots 7$ ❷ $34 \div 6 = 5 \cdots 4$

❸ $29 \div 7 = 4 \cdots 1$ ❹ $31 \div 5 = 6 \cdots 1$

❺ $46 \div 9 = 5 \cdots 1$ ❻ $33 \div 4 = 8 \cdots 1$

❼ $19 \div 4 = 4 \cdots 3$ ❽ $50 \div 8 = 6 \cdots 2$

80 연산 D6

🌱 나눗셈을 하세요.

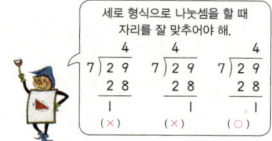

$7\overline{)29}$ 몫 4, 28, 나머지 1

세로 형식으로 나눗셈을 할 때 자리를 잘 맞추어야 해.

❶ $5\overline{)18}$ 몫 3, 15, 3

❷ $3\overline{)23}$ 몫 7, 21, 2

❸ $8\overline{)51}$ 몫 6, 48, 3

❹ $9\overline{)76}$ 몫 8, 72, 4

❺ $2\overline{)15}$ 몫 7, 14, 1

❻ $7\overline{)43}$ 몫 6, 42, 1

공부한 날
월
일

나눗셈의 검산 81

---

82 · 83

477 나머지

현우가 틀린 나눗셈을 고치려고 해요.

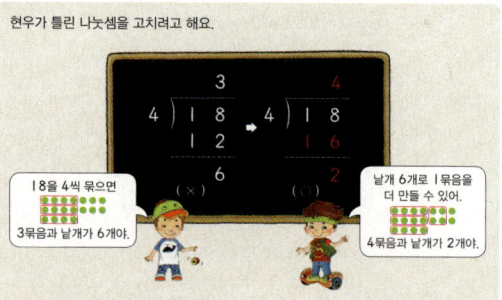

3 → 4
$4\overline{)18}$ → $4\overline{)18}$
12 → 16
6 (×) → 2 (○)

18을 4씩 묶으면
3묶음과 낱개가 6개야.

낱개 6개로 1묶음을 더 만들 수 있어.
4묶음과 낱개가 2개야.

🌱 묶음을 하나 더 만들고 나눗셈을 바르게 고쳐 보세요.

❶
$5\overline{)27}$ → $5\overline{)27}$
20 → 25
7 → 2

❷
$6\overline{)33}$ → $6\overline{)33}$
24 → 30
9 → 3

82 연산 D6

🌱 나눗셈을 바르게 고쳐 보세요.

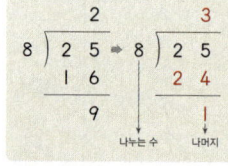 

$8\overline{)25}$ → $8\overline{)25}$
16 → 24
9 → 1
나누는 수 / 나머지

나머지는 나누는 수보다 항상 작아야 해.

❶ 3 → 4
$4\overline{)18}$ → $4\overline{)18}$
12 → 16
6 → 2

❷ 2 → 3
$6\overline{)21}$ → $6\overline{)21}$
12 → 18
9 → 3

❸ 6 → 7
$5\overline{)36}$ → $5\overline{)36}$
30 → 35
6 → 1

❹ 7 → 8
$7\overline{)58}$ → $7\overline{)58}$
49 → 56
9 → 2

나눗셈의 검산 83

티나는 여러 개의 수를 하나의 수로 나누려고 해요.

20
24 ÷ 7 = | 2 … 6
30 | 3 … 3
| 4 … 2

나누는 수 몫 나머지

나머지는 나누는 수와 같거나 나누는 수보다 클 수 없어.

● 왼쪽 수를 하나의 수로 나누어 몫과 나머지를 쓰세요.

❶ 18
22 ÷ 5 = | 3 … 3
29 | 4 … 2
| 5 … 4

❷ 16
24 ÷ 9 = | 1 … 7
32 | 2 … 6
| 3 … 5

❸ 17
15 ÷ 8 = | 2 … 1
20 | 1 … 7
| 2 … 4

❹ 23
22 ÷ 6 = | 3 … 5
21 | 3 … 4
| 3 … 3

84 연산 D6

● 나눗셈의 몫과 나머지를 찾아 선으로 이으세요.

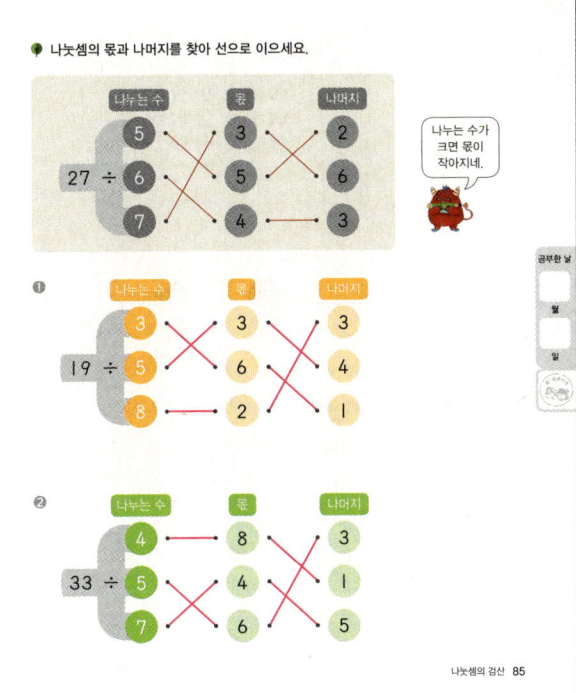

나누는 수가 크면 몫이 작아지네.

❶ 19 ÷

❷ 33 ÷

나눗셈의 검산 85

478 나눗셈의 검산 (1)

현우는 딴소리 요괴가 나눗셈을 잘했는지 알아보고 있어요.

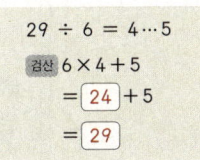

38÷4=9…2
4×9+2=38
나누는 수 몫 나머지 나뉠 수

나눗셈을 하긴 했는데 맞는지는 알 수가 없어.

나눗셈을 맞게 계산했는지 알 수 있어. 검산해서 나뉠 수가 나오면 맞는 거야.

● 나눗셈을 잘했는지 알아보는 방법이에요. □ 안에 알맞은 수를 쓰세요.

❶ 45 ÷ 7 = 6…3
검산 7×6+3 = [45]

❷ 28 ÷ 6 = 4…4
검산 6×4+4 = [28]

❸ 13 ÷ 4 = 3…1
검산 4×3+1 = [13]

❹ 20 ÷ 3 = 6…2
검산 3×6+2 = [20]

❺ 26 ÷ 9 = 2…8
검산 9×2+8 = [26]

❻ 36 ÷ 5 = 7…1
검산 5×7+1 = [36]

86 연산 D6

● 나눗셈을 검산하려고 해요. □ 안에 알맞은 수를 쓰세요.

29 ÷ 6 = 4…5
검산 6×4+5
= [24] +5
= [29]

나눗셈을 잘했는지 알아보는 과정을 검산이라고 해.

❶ 22 ÷ 3 = 7…1
검산 3×7+1
= [21] +1
= [22]

❷ 55 ÷ 8 = 6…7
검산 8×6+7
= [48] +7
= [55]

❸ 61 ÷ 7 = 8…5
검산 7×8+5
= [56] +5
= [61]

❹ 34 ÷ 8 = 4…2
검산 8×4+2
= [32] +2
= [34]

나눗셈의 검산 87

정답 19

88·89

티나와 태돌이가 축구공을 3개씩 묶어 보았어요.

$$17 \div 3 = \boxed{5} \cdots \boxed{2}$$ ◀ 17은 3씩 $\boxed{5}$ 묶음과 낱개 $\boxed{2}$

$$3 \times \boxed{5} + \boxed{2} = 17$$ ◀ 3씩 $\boxed{5}$ 묶음과 낱개 $\boxed{2}$ 는 17

축구공은 3개씩 5묶음과 낱개 2개네.

검산을 해서 축구공의 수가 나오면 나눗셈을 잘한 거야.

🍀 그림을 보고 □ 안에 알맞은 수를 쓰세요.

❶

$$35 \div 4 = \boxed{8} \cdots \boxed{3}$$ ◀ 35는 4씩 $\boxed{8}$ 묶음과 낱개 $\boxed{3}$

$$4 \times \boxed{8} + \boxed{3} = 35$$ ◀ 4씩 $\boxed{8}$ 묶음과 낱개 $\boxed{3}$ 은 35

88 연산 D6

🍀 그림을 보고 □ 안에 알맞은 수를 쓰세요.

검산은 왜 하는 거지?

검산을 하면 계산을 정확히 했는지 알 수 있어.

$$21 \div \boxed{4} = 5 \cdots 1$$

$$4 \times \boxed{5} + \boxed{1} = 21$$

❶

$$23 \div \boxed{3} = 7 \cdots 2$$

$$3 \times \boxed{7} + \boxed{2} = 23$$

❷

$$17 \div \boxed{6} = 2 \cdots 5$$

$$6 \times \boxed{2} + \boxed{5} = 17$$

❸

$$34 \div \boxed{5} = 6 \cdots 4$$

$$5 \times \boxed{6} + \boxed{4} = 34$$

나눗셈의 검산 89

90·91

479 나눗셈의 검산 (2)

장난 요괴가 한 나눗셈을 보고 태돌이가 검산을 해요.

나눗셈은 내가 잘해.

$$\begin{array}{r} 5 \\ 8\overline{)41} \\ 40 \\ \hline 1 \end{array}$$

검산 $8 \times 5 + 1 = 41$

나눗셈을 잘했는지 검산을 해 봐야겠어.

🍀 나눗셈을 하고 검산하세요.

❶
$$\begin{array}{r} \boxed{7} \\ 8\overline{)62} \\ \boxed{56} \\ \hline \boxed{6} \end{array}$$

검산 $\boxed{8} \times \boxed{7} + \boxed{6} = \boxed{62}$

❷
$$\begin{array}{r} \boxed{8} \\ 7\overline{)59} \\ \boxed{56} \\ \hline \boxed{3} \end{array}$$

검산 $\boxed{7} \times \boxed{8} + \boxed{3} = \boxed{59}$

90 연산 D6

🍀 나눗셈을 하고 검산하세요.

$$35 \div 6 = \boxed{5} \cdots \boxed{5}$$

검산

$$\boxed{6} \times \boxed{5} + \boxed{5} = 35$$

나누는 수 　 몫 　 나머지 　 나뉠 수

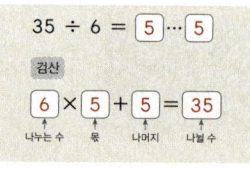

검산 과정은 나누는 수와 몫의 곱에 나머지를 더해서 나뉠 수가 나오는지 확인하면 돼.

❶ $47 \div 8 = \boxed{5} \cdots \boxed{7}$

검산
$$\boxed{8} \times \boxed{5} + \boxed{7} = \boxed{47}$$

❷ $39 \div 6 = \boxed{6} \cdots \boxed{3}$

검산
$$\boxed{6} \times \boxed{6} + \boxed{3} = \boxed{39}$$

❸ $28 \div 9 = \boxed{3} \cdots \boxed{1}$

검산
$$\boxed{9} \times \boxed{3} + \boxed{1} = \boxed{28}$$

❹ $18 \div 4 = \boxed{4} \cdots \boxed{2}$

검산
$$\boxed{4} \times \boxed{4} + \boxed{2} = \boxed{18}$$

나눗셈의 검산 91

울보 요괴가 나눗셈을 한 다음 검산을 했어요.

잘못된 계산		바른 계산

$$7\overline{)31}$$ 4, 28, 2 → $$7\overline{)31}$$ 4, 28, 3

검산 $7\times4+2=30$ 검산 $7\times4+3=31$

검산을 했는데 맞지 않아. 어떻게 하면 되지. 엉엉~

다시 풀면 되지.

🌱 나눗셈을 하고 검산을 하세요.

① $5\overline{)22}$ 4, 20, 2

검산 $5\times4+2=22$

② $8\overline{)51}$ 6, 48, 3

검산 $8\times6+3=51$

🌱 나눗셈을 하고 검산을 하세요.

$$30\div4=7\cdots2$$
검산 $4\times7+2=30$

나눗셈을 하고 나면 검산을 해서 확인해 봐.

① $17\div2=8\cdots1$
검산 $2\times8+1=17$

② $38\div8=4\cdots6$
검산 $8\times4+6=38$

③ $66\div7=9\cdots3$
검산 $7\times9+3=66$

④ $19\div6=3\cdots1$
검산 $6\times3+1=19$

⑤ $26\div3=8\cdots2$
검산 $3\times8+2=26$

⑥ $44\div5=8\cdots4$
검산 $5\times8+4=44$

⑦ $38\div6=6\cdots2$
검산 $6\times6+2=38$

⑧ $74\div8=9\cdots2$
검산 $8\times9+2=74$

공부한 날 월 일

---

480 검산식의 활용

거꾸로 요괴와 딴소리 요괴가 자기가 한 나눗셈이 맞다고 해요.

$7\overline{)58}$ 7, 49, 9 $7\overline{)58}$ 8, 56, 2

나머지 9가 나누는 수 7보다 커. 검산할 필요도 없이 틀린 거야.

검산을 하면 $7\times8+2=58$이야. 검산 결과가 나뉠 수 58과 같아서 계산이 맞았어.

🌱 바르게 계산한 것에 ○표, 틀리면 ×표 하세요.

① $4\overline{)30}$ 8, 32, 2 (×)

② $4\overline{)30}$ 6, 24, 6 (×)

③ $4\overline{)30}$ 7, 28, 2 (○)

🌱 나눗셈이 맞으면 ( )안에 ○표, 틀리면 ×표 하세요.

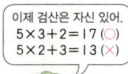

$17\div5=3\cdots2$ (○)
$17\div5=2\cdots3$ (×)

이제 검산은 자신 있어. $5\times3+2=17(○)$ $5\times2+3=13(×)$

① $26\div7=4\cdots2$ (×)
  $26\div7=3\cdots5$ (○)

② $41\div8=4\cdots8$ (×)
  $41\div8=5\cdots1$ (○)

③ $34\div5=6\cdots3$ (×)
  $34\div5=6\cdots4$ (○)

④ $57\div8=6\cdots9$ (×)
  $57\div8=7\cdots1$ (○)

⑤ $21\div4=5\cdots1$ (○)
  $21\div4=6\cdots3$ (×)

나도 나눗셈 잘하고 싶어. 엉엉~

96 · 97

티나가 나눗셈을 하고 다음 잠시 나갔다 들어 왔더니 나뉠 수가 지워져 있었어요.

나뉠 수가 지워졌어. 어떡하지?

□ ÷ 5
몫: 6, 나머지: 2
□ = 5 × 6 + 2
  나누는 수   몫   나머지

걱정마, 검산식을 이용하여 구하면 □는 32야.

🌱 지워진 수를 구하려고 해요. □ 안에 알맞은 수를 쓰세요.

❶ ▨ ÷ 7　　　▨ = 7 × [4] + [5]
몫: 4, 나머지: 5　　　　= [33]

❷ ▨ ÷ 8　　　▨ = 8 × [6] + [2]
몫: 6, 나머지: 2　　　　= [50]

❸ ▨ ÷ 4　　　▨ = 4 × [9] + [3]
몫: 9, 나머지: 3　　　　= [39]

96 연산 D6

🌳 검산식을 이용하여 □ 안에 알맞은 수를 쓰세요.

[51] ÷ 6 = 8 … 3
6 × 8 + 3 = 51

검산식을 이용하면 □ 안의 수를 쉽게 구할 수 있어.

❶ [43] ÷ 5 = 8 … 3
5×8+3

❷ [25] ÷ 9 = 2 … 7
9×2+7

❸ [27] ÷ 7 = 3 … 6

❹ [69] ÷ 8 = 8 … 5

❺ [29] ÷ 4 = 7 … 1

❻ [20] ÷ 3 = 6 … 2

❼ [35] ÷ 6 = 5 … 5

❽ [79] ÷ 9 = 8 … 7

공부한 날
월
일

나눗셈의 검산 97

---

98 · 99

❄ **무엇을 배웠을까요**

🔺 나눗셈을 세로 형식으로 풀고 몫과 나머지를 쓰세요.

❶ 24 ÷ 5 = [4] … [4]

```
      4
 5 ) 2 4
     2 0
       4
```

❷ 42 ÷ 8 = [5] … [2]

```
      5
 8 ) 4 2
     4 0
       2
```

🔺 나눗셈을 바르게 고쳐 보세요.

❸
```
     5          6
3 ) 2 0  ➡  3 ) 2 0
    1 5        1 8
      5          2
```

❹
```
     4          5
7 ) 3 6  ➡  7 ) 3 6
    2 8        3 5
      8          1
```

🔺 왼쪽 수를 하나의 수로 나누어 몫과 나머지를 쓰세요.

❺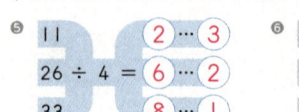
11 → [2] … [3]
26 ÷ 4 = [6] … [2]
33 → [8] … [1]

❻
19 → [2] … [1]
35 ÷ 9 = [3] … [8]
41 → [4] … [5]

98 연산 D6

🔺 그림을 보고 □ 안에 알맞은 수를 쓰세요.

❼
27 ÷ [5] = 5 … 2
5 × [5] + [2] = 27

❽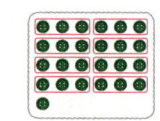
25 ÷ [3] = 8 … 1
3 × [8] + [1] = 25

🔺 나눗셈을 하고 검산을 하세요.

❾
```
      7
 6 ) 4 6
     4 2
       4
```
검산 6×7+4=46

❿
```
      6
 9 ) 5 8
     5 4
       4
```
검산 9×6+4=58

🔺 검산식을 이용하여 □ 안에 알맞은 수를 쓰세요.

⓫ [45] ÷ 7 = 6 … 3

⓬ [30] ÷ 4 = 7 … 2

공부한 날
월
일

나눗셈의 검산 99

102 · 103

나눗셈 알아보기

관련 쪽수: 6~27쪽

✛ 곱셈식을 보고 나눗셈식을 만들어 보세요.

❶ $7 \times 4 = 28$　$\begin{cases} 28 \div 7 = 4 \\ 28 \div 4 = 7 \end{cases}$

❷ $5 \times 8 = 40$　$\begin{cases} 40 \div 5 = 8 \\ 40 \div 8 = 5 \end{cases}$

❸ $4 \times 9 = 36$　$\begin{cases} 36 \div 4 = 9 \\ 36 \div 9 = 4 \end{cases}$

❹ $6 \times 7 = 42$　$\begin{cases} 42 \div 6 = 7 \\ 42 \div 7 = 6 \end{cases}$

❺ $8 \times 3 = 24$　$\begin{cases} 24 \div 8 = 3 \\ 24 \div 3 = 8 \end{cases}$

❻ $9 \times 6 = 54$　$\begin{cases} 54 \div 9 = 6 \\ 54 \div 6 = 9 \end{cases}$

102 연산 D6

나눗셈구구

관련 쪽수: 30~51쪽

✛ 나눗셈을 하세요.

❶ $15 \div 3 = 5$　　❷ $28 \div 4 = 7$

❸ $21 \div 7 = 3$　　❹ $40 \div 5 = 8$

❺ $36 \div 6 = 6$　　❻ $72 \div 8 = 9$

✛ 나눗셈의 몫을 구하세요.

❼ $\begin{cases} 10 \div 2 = 5 \\ 14 \div 2 = 7 \\ 8 \div 2 = 4 \end{cases}$　❽ $\begin{cases} 48 \div 8 = 6 \\ 32 \div 8 = 4 \\ 24 \div 8 = 3 \end{cases}$

❾ $\begin{cases} 12 \div 6 = 2 \\ 42 \div 6 = 7 \\ 54 \div 6 = 9 \end{cases}$　❿ $\begin{cases} 18 \div 9 = 2 \\ 45 \div 9 = 5 \\ 81 \div 9 = 9 \end{cases}$

연산 보충 학습 103

104 · 105

✛ 나눗셈의 몫을 구하세요.

⑪ $8 \overline{)16}$ 　몫 2

⑫ $4 \overline{)20}$ 　몫 5

⑬ $9 \overline{)27}$ 　몫 3

⑭ $8 \overline{)64}$ 　몫 8

⑮ $4 \overline{)36}$ 　몫 9

⑯ $7 \overline{)49}$ 　몫 7

⑰ $8 \overline{)40}$ 　몫 5

⑱ $3 \overline{)24}$ 　몫 8

⑲ $9 \overline{)63}$ 　몫 7

⑳ $5 \overline{)30}$ 　몫 6

㉑ $4 \overline{)32}$ 　몫 8

㉒ $6 \overline{)18}$ 　몫 3

104 연산 D6

나눗셈의 몫과 나머지

관련 쪽수: 54~75쪽

✛ □ 안에 알맞은 수를 쓰세요.

❶ $30 \div 6 = 5$　　❷ $14 \div 2 = 7$

❸ $72 \div 8 = 9$　　❹ $32 \div 4 = 8$

❺ $42 \div 7 = 6$　　❻ $45 \div 9 = 5$

❼ $24 \div 3 = 8$　　❽ $28 \div 7 = 4$

✛ 나눗셈의 몫이 같도록 □ 안에 알맞은 수를 쓰세요.

❾ $54 \div 9 = 12 \div 2$　　❿ $25 \div 5 = 20 \div 4$

⑪ $27 \div 3 = 63 \div 7$　　⑫ $48 \div 8 = 18 \div 3$

⑬ $49 \div 7 = 35 \div 5$　　⑭ $36 \div 9 = 8 \div 2$

연산 보충 학습 105

✚ ☐안에 알맞은 수를 쓰세요.

⑮
$$5\overline{)28}$$
25
3

⑯
$$7\overline{)44}$$
42
2

⑰
$$8\overline{)31}$$
24
7

⑱
$$6\overline{)53}$$
48
5

⑲
$$9\overline{)67}$$
63
4

⑳
$$4\overline{)35}$$
32
3

㉑
$$8\overline{)42}$$
40
2

㉒
$$6\overline{)39}$$
36
3

㉓
$$7\overline{)55}$$
49
6

106 연산 D6

나눗셈의 검산
관련 쪽수: 78~99쪽

✚ 나눗셈을 하고 검산을 하세요.

❶ $18 \div 4 = 4 \cdots 2$
검산 $4 \times 4 + 2 = 18$

❷ $41 \div 6 = 6 \cdots 5$
검산 $6 \times 6 + 5 = 41$

❸ $16 \div 3 = 5 \cdots 1$
검산 $3 \times 5 + 1 = 16$

❹ $54 \div 8 = 6 \cdots 6$
검산 $8 \times 6 + 6 = 54$

❺ $65 \div 9 = 7 \cdots 2$
검산 $9 \times 7 + 2 = 65$

❻ $39 \div 7 = 5 \cdots 4$
검산 $7 \times 5 + 4 = 39$

❼ $43 \div 5 = 8 \cdots 3$
검산 $5 \times 8 + 3 = 43$

❽ $36 \div 8 = 4 \cdots 4$
검산 $8 \times 4 + 4 = 36$

❾ $50 \div 7 = 7 \cdots 1$
검산 $7 \times 7 + 1 = 50$

❿ $77 \div 9 = 8 \cdots 5$
검산 $9 \times 8 + 5 = 77$

연산 보충 학습 107

✚ 검산식을 이용하여 ☐안에 알맞은 수를 쓰세요.

⑪ $\boxed{15} \div 2 = 7 \cdots 1$

⑫ $\boxed{33} \div 5 = 6 \cdots 3$

⑬ $\boxed{27} \div 4 = 6 \cdots 3$

⑭ $\boxed{23} \div 3 = 7 \cdots 2$

⑮ $\boxed{35} \div 6 = 5 \cdots 5$

⑯ $\boxed{51} \div 8 = 6 \cdots 3$

⑰ $\boxed{59} \div 7 = 8 \cdots 3$

⑱ $\boxed{42} \div 9 = 4 \cdots 6$

⑲ $\boxed{19} \div 5 = 3 \cdots 4$

⑳ $\boxed{30} \div 4 = 7 \cdots 2$

㉑ $\boxed{25} \div 3 = 8 \cdots 1$

㉒ $\boxed{47} \div 6 = 7 \cdots 5$

㉓ $\boxed{56} \div 9 = 6 \cdots 2$

㉔ $\boxed{62} \div 7 = 8 \cdots 6$

108 연산 D6